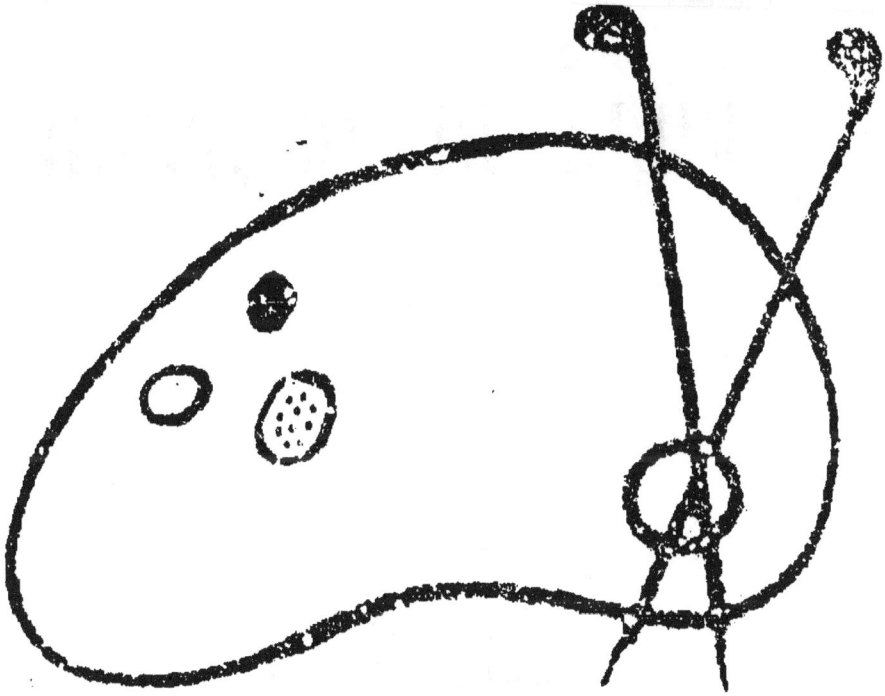

Couvertures supérieure et inférieure
en couleur

LA

FILLE DU DOCTEUR

PAR

MARIE-ANGE DE T***

TOURS

ALFRED MAME ET FILS, ÉDITEURS

BIBLIOTHÈQUE

LA

JEUNESSE CHRÉTIENNE

Tours. — Impr. Mame.

BIBLIOTHÈQUE

DE LA

JEUNESSE CHRÉTIENNE

APPROUVÉE

PAR MGR L'ARCHEVÊQUE DE TOURS

—

SÈRIE PETIT IN-8°

À la prière de Louise, le colonel russe ordonne à ses soldats
d'épargner le village. (P. 141.)

LA
FILLE DU DOCTEUR

PAR

MARIE-ANGE DE T***

NOUVELLE ÉDITION

TOURS

ALFRED MAME ET FILS, ÉDITEURS

1877

LA

FILLE DU DOCTEUR

CHAPITRE I

Elle se nommait Louise Gonthier ; mais dans
le village qu'elle habitait avec son père, elle n'é-
tait guère connue que par cette dénomination de
la Fille du docteur, qui sert de titre à notre récit.
Son père lui-même, M. Louis Gonthier, qui depuis
plus de quinze ans exerçait l'honorable et utile
profession de médecin dans le village de Foncigny-le-Grand, dans les hameaux et les fermes du
voisinage, à deux ou trois lieues à la ronde, n'é-
tait désigné par sa nombreuse clientèle que par
sa qualification de docteur, et même très-peu
de personnes connaissaient son nom de famille ;
seulement, ceux des habitants du pays qui se
piquaient d'un peu plus de politesse que les au-

tres, ou bien ceux qui lui avaient, ainsi qu'à sa fille, quelques obligations, — et le nombre de ces derniers était considérable, — apportaient de légères variantes dans la manière dont ils désignaient le père et la fille. Ainsi les uns disaient monsieur le docteur; les autres, notre bon, notre excellent docteur. Pour les premiers, Louise était la demoiselle de monsieur le docteur; pour les autres, elle était notre bonne, notre chère demoiselle; ou bien on l'appelait simplement mademoiselle tout court; et personne ne se trompait à cette qualification, généralement adoptée à mesure que Louise avait grandi, et que sa beauté, son éducation, sa grâce, l'avaient distinguée de toutes les jeunes filles du pays, appartenant sans exception à des familles de cultivateurs, de fermiers, de vignerons et d'ouvriers campagnards... Mais avant de mettre en scène notre jeune héroïne, disons quelques mots du pays qu'elle habitait, et comment sa famille était venue s'y fixer.

Le village de Foncigny-le-Grand est situé dans un des départements formés par l'ancienne province de Lorraine. Bâti au centre d'une riante vallée, sur les bords d'une petite rivière qui descend des Vosges, il est entouré de prairies, de terres labourables et de vignes qui s'élèvent sur les coteaux ou sur le flanc de montagnes dont la cime est couverte de forêts.

Autrefois cette contrée, quoique très-pittoresque, était fort peu fréquentée et par conséquent

peu commerçante. Cela tenait-il au manque de
voies de communication ou au génie des habitants,
portés plutôt aux travaux de l'agriculture qu'aux
spéculations du commerce et de l'industrie? Nous
n'avons pas à résoudre ces questions; ce qu'il y a
de certain, c'est qu'en fait de commerce il n'y
avait dans le village qu'un seul marchand, tout à
la fois cabaretier, aubergiste, épicier, vendant du
drap ou plutôt du droguet, de la toile, des sa-
bots, du tabac, etc.; et en fait d'industriels on ne
comptait qu'un charron, un bourrelier en même
temps cordonnier, un menuisier et un meunier;
encore ces derniers étaient-ils, pendant l'été surtout, plus occupés des travaux des champs que de
ceux de leur profession.

L'isolement de ce paisible canton, sans le mettre
complétement à l'abri des orages de la révolution,
l'avait empêché d'en ressentir trop péniblement
les atteintes. Sans doute le départ d'un certain
nombre de jeunes gens pour l'armée avait fait
verser bien des larmes; la fermeture de l'église,
l'expulsion du curé de son presbytère, sa condamnation à l'exil pour refus de serment à la constitution civile du clergé, avaient causé un mécontentement ou plutôt une indignation générale; mais
cette dernière condamnation ne reçut jamais une
exécution complète. Au lieu de quitter la France,
le bon curé resta dans le pays, en se tenant caché
chez ceux de ses paroissiens qui pouvaient lui
donner asile. Il sortait de là pendant la nuit pour

1*

aller visiter les malades, porter des consolations
aux affligés, et souvent des secours et des aumônes
à ses pauvres; car, quoique bien pauvre lui-
même, il trouvait encore le moyen de leur venir
en aide.

Entre le village de Foncigny-le-Grand et le
hameau de Foncigny-le-Petit ou Foncigny-le-Haut
(on lui donnait aussi ce dernier nom, parce qu'il
était bâti sur la colline, au pied des ruines d'un
ancien château fort qui en occupaient le point
culminant), il existait à mi-côte un vaste souter-
rain, qui avait été évidemment une dépendance
de l'antique forteresse. L'entrée en était dissimulée
par un petit bouquet de bois, et n'était connue
que des habitants du pays; c'est dans ces espèces
de catacombes que, le dimanche et les jours de
fêtes solennelles, le bon curé de Foncigny réunis-
sait ses paroissiens, célébrait la sainte messe,
faisait le prône et les autres offices, comme s'il
eût été dans son église. Il était tellement aimé et
respecté de tous, de ceux mêmes qui, imbus des
idées nouvelles, faisaient bon marché de la religion et de ses ministres, — et il s'en trouvait,
bien qu'en petit nombre, dans la paroisse, —
que pendant tout le temps qu'il fut obligé d'exercer ainsi clandestinement son saint ministère, il
n'y eut pas une seule dénonciation portée contre
lui.

Cependant les membres du comité révolution-
naire du district dans le ressort duquel était situé

Foncigny eurent des soupçons sur la présence, dans ce village, soit d'émigrés, soit de prêtres réfractaires. Ils envoyèrent sur les lieux un commissaire, accompagné de gendarmes, pour faire des perquisitions et des visites domiciliaires; mais cette mesure ne produisit aucun résultat. On la renouvela plusieurs fois sans plus de succès. Dans ces circonstances, notre bon curé quittait le pays sous un déguisement, et muni d'un passe-port parfaitement en règle, que lui avait procuré le maire de Foncigny, il se rendait en Alsace et gagnait la Suisse dans les environs de Bâle, où il séjournait jusqu'à ce que l'orage fût passé.

Après le 9 thermidor, quand le règne de la Terreur eut fait place à un régime moins intolérable, le curé se trouva un peu plus libre, quoique obligé de prendre encore de grandes précautions; mais, après le 18 fructidor (1), une nouvelle per-

---

(1) Le 9 thermidor an II (27 juillet 1794) est une date célèbre dans l'histoire de la révolution. Dans cette journée, Robespierre fut décrété par la Convention, arrêté et condamné à mort avec vingt-deux de ses partisans. Ce fut la fin du règne de la Terreur, qui pesait sur la France depuis le 31 mai 1793; dès lors une réaction eut lieu contre les hommes qui avaient figuré dans cette fatale période. Le parti modéré ou contre-révolutionnaire chercha à s'emparer du pouvoir, que lui disputait le parti démagogique. De là les mouvements du 12 germinal an III (1er avril 1795), du 1er prairial suivant (20 mai 1795), du 13 vendémiaire an IV (5 octobre 1795), et enfin le coup d'État du 17 fructidor an V (4 septembre 1797), qui eut pour résultat la condamnation à la déportation de deux directeurs, de onze membres du conseil des Anciens, de quarante-deux

sécution vint sévir contre les prêtres, et le força
de gagner précipitamment son asile ordinaire en
Suisse. Cette fois il y fit un séjour plus prolongé
que de coutume, et il ne rentra dans sa paroisse
qu'au printemps de 1798, peu de temps avant
Pâques.

Il était accompagné, à son retour, par un homme
d'environ trente-cinq ans, qui, en raison de son
maintien grave et sérieux, fut pris d'abord par
les gens de Foncigny pour un ecclésiastique. On
doit se rappeler qu'à cette époque tout costume,
tout signe extérieur indiquant la profession sacer-
dotale, était sévèrement interdit. Le curé ne tarda
pas à les détromper; il présenta le nouveau venu
aux principaux habitants de sa paroisse comme
un ami dont il avait fait la connaissance pendant
son dernier voyage, et qu'il avait engagé à se
fixer dans le pays. « Il se nomme le docteur Gonthier, leur dit-il; c'est un savant médecin que je
désirerais de tout mon cœur voir s'établir au milieu
de vous. Vous n'en serez pas fâchés non plus, j'en
suis sûr; car vous m'avez souvent manifesté le
regret de n'avoir point de médecin à proximité,
et d'être obligés, dans des cas urgents, de faire
venir à grands frais des docteurs de la ville qui
sont dans l'impossibilité, en raison de l'éloigne-

---

membres du conseil des Cinq-Cents, d'un grand nombre de
journalistes et d'autres personnes que l'on regardait comme
favorables à la royauté.

ment, de donner des soins assidus à vos malades. »

Le docteur Gonthier reçut l'accueil le plus empressé des bons villageois ; dès le lendemain de son arrivée, il eut à répondre à de nombreuses consultations, et il le fit avec une bonté et un tact qui enchantèrent ses nouveaux clients.

Après avoir parcouru le village et ses environs, le docteur se montra satisfait de la situation du pays, de son climat tempéré et salubre, et il parut décidé à s'y installer, si toutefois il pouvait réaliser certaine condition connue du curé seul. Mais, avant de parler de cette condition, il est nécessaire de faire part à nos lecteurs de la manière dont le docteur Gonthier et le curé de Foncigny avaient fait connaissance.

Nous avons vu que, quand la persécution menaçait trop sérieusement sa sécurité, le curé allait chercher un refuge en Suisse. C'était dans les environs de Bâle qu'il avait trouvé un asile chez un ancien ami, son compatriote, fixé depuis longtemps dans ce pays, où il s'était marié et s'était fait naturaliser Suisse. M. Brunet, — c'était le nom de cet ami, — était devenu un des plus riches négociants de Bâle. Lorsque la révolution força un grand nombre de Français à quitter leur patrie, il accueillit cordialement ceux de ses compatriotes qui avaient réclamé son appui. Il donnait aux uns d'utiles conseils, procurait à d'autres des emplois ou du travail, en aidait d'autres de sa

bourse, et accordait même à quelques-uns une
généreuse hospitalité.

Au nombre de ces derniers, nous devons men-
tionner un officier appartenant à l'armée de Condé,
nommé M. de Noironte, qui avait émigré avec sa
femme et sa fille dès 1791. Comme beaucoup d'autres, il avait pensé qu'il ne s'agissait que d'une
absence de quelques mois, et qu'avant la fin de
la campagne il rentrerait en France, où le roi et
la noblesse seraient rétablis dans tous les droits et
priviléges que la révolution leur avait enlevés. On
sait de quel funeste mécompte furent suivies ces
trompeuses espérances. M. de Noironte n'avait
emporté avec lui qu'une somme d'argent qu'il regardait comme suffisante pour payer ses dépenses
pendant son séjour à l'étranger; plus, une lettre
de crédit sur M. Brunet, négociant et banquier à
Bâle, lettre dont il ne croyait pas être forcé de
faire usage, si ce n'est pour faire la connaissance
d'un homme dont on lui avait vanté l'obligeance.
Dès leur première entrevue, M. de Noironte fut
enchanté du correspondant à qui on l'avait adressé;
cependant il n'écouta pas les conseils du négociant, qui, plus prévoyant que le gentilhomme,
l'engageait à ménager ses fonds, car il craignait
que son exil ne se prolongeât au delà de ses pré-
visions. M. de Noironte ne tarda pas à reconnaître
la sagesse des avis de M. Brunet : non-seulement
tout l'argent qu'il avait apporté de France, mais
une partie de son crédit sur le banquier bâlois

étaient épuisés, et la possibilité de son retour semblait s'éloigner de jour en jour. Enfin M. de Noironte partit pour rejoindre l'armée de Condé,
laissant sa femme et sa fille sous la protection de
M. Brunet. Celui-ci offrit à ces dames de leur
louer, à un prix fort modique, une petite maison
de campagne qu'il possédait dans la banlieue de
Bâle, sur les bords du Rhin, ce qui leur coûterait
beaucoup moins que de continuer à habiter l'hôtel
des *Trois-Rois*, où ils étaient descendus en arrivant à Bâle. Cette proposition fut acceptée avec
reconnaissance, et la mère et la fille s'installèrent
aussitôt dans la villa du négociant. Là Mme de Noironte, vivant avec sa fille dans une retraite ab-
solue, apporta la plus stricte économie dans ses
dépenses; mais, malgré ses efforts, elle se serait
bientôt trouvée aux prises avec le besoin, si
M. Brunet n'était venu à son secours, non en lui
offrant de l'argent, que la délicatesse de Mme de
Noironte aurait refusé, mais en lui procurant un
travail lucratif et peu fatigant : c'était la confec-
tion des fleurs artificielles, qu'elle avait apprise
jadis au couvent comme une distraction agréable.
Elle en donna des leçons à sa fille, qui montra
dans ce travail un goût et une activité tels, que
bientôt elle surpassa sa mère. M. Brunet se char-
geait de placer les produits de leur fabrication, et
il en trouvait l'écoulement facile et avantageux
tant en Suisse qu'en Allemagne.

Grâce à cette ressource inattendue, Mme de Noi-

ronte eût supporté, sans trop se plaindre, les
malheurs de l'exil, si l'inquiétude que lui causait
l'incertitude du sort de son mari n'eût tourmenté
continuellement son âme. L'état de guerre, qui
durait depuis plusieurs années, rendait les com-
munications rares et difficiles. L'armée de Condé
avait eu beaucoup à souffrir, et M. de Noironte
s'était trouvé dans toutes les affaires sanglantes
auxquelles elle avait pris part, notamment à Wis-
sembourg, à Haguenau et à Bentheim. Enfin
arriva une lettre de lui, annonçant son retour; il
avait été blessé assez grièvement, disait-il; mais
il était presque entièrement guéri, et il avait
obtenu un congé de convalescence qu'il se proposait de passer auprès de sa femme et de sa fille.
Était-ce une illusion de sa part? ou n'avait-il parlé
de sa guérison que pour ne pas alarmer sa femme
et son enfant? Le fait est que ses blessures étaient
loin d'être guéries, et qu'aux graves lésions qu'elles
avaient occasionnées était venue se joindre la com-
plication d'une maladie causée par les fatigues et
les privations qu'il avait endurées.

Mᵐᵉ de Noironte, en voyant son mari, ne se
fit point d'illusion sur son état. Elle courut chez
M. Brunet lui faire part de ses craintes, et le prier
de lui indiquer le meilleur médecin qu'il connaî-
trait pour lui donner des soins.

« Je ne puis mieux faire, répondit M. Brunet,
que de vous adresser à un médecin français de mes
amis, le docteur Gonthier, qui, après avoir été

longtemps employé dans les armées françaises, vient de donner sa démission pour rentrer en France. Je voulais l'engager à se fixer ici ; mais je n'ai pu y réussir ; tout ce que j'ai pu en obtenir, c'est de le faire rester un mois ou deux chez moi, sous prétexte que j'avais besoin de ses soins pour deux de mes enfants dont la santé est fort délicate. Si vous le désirez, je vous l'enverrai immédiatement.

— Je le verrai avec le plus grand plaisir, répondit Mme de Noironte ; seulement, croyez-vous qu'en sa qualité de médecin des armées de la république française, il consente à soigner un officier émigré blessé ?

— Si vous le connaissiez, Madame, vous ne m'adresseriez pas une pareille question, qui serait injurieuse pour lui. Peut-être M. Gonthier n'a-t-il pas en politique les mêmes opinions que monsieur votre mari ; mais ce que je puis vous affirmer, c'est qu'il est un parfait honnête homme, et que lorsqu'il s'agit d'un malade ou d'un blessé, il ne s'occupe ni de ses opinions, ni de son parti, ni de sa nationalité. Il prodigue ses soins avec autant de zèle au royaliste qu'au républicain, au Français qu'au Prussien ou au Russe. Pour lui, toute créature humaine qui souffre est un frère ou une sœur que son état lui fait un devoir de soulager. »

Mme de Noironte s'empressa d'aller annoncer à son mari la visite d'un excellent médecin ; mais

elle se garda bien de lui dire qu'il avait été chi-
rurgien-major dans les armées françaises; car si
M. Gonthier ne faisait pas de différence entre ses
malades, sous le rapport de leur parti ou de leur
nationalité, il n'en était pas de même de M. de
Noironte, qui bien certainement n'aurait reçu
qu'avec défiance les soins d'un médecin républicain. Elle jugea donc à propos de ne pas parler
à son mari de cette circonstance, et de lui laisser
croire que le docteur qui allait venir le visiter
était un médecin de la ville.

Dès les premières visites du docteur Gonthier,
M. de Noironte parut enchanté de son nouveau
médecin. Les prescriptions qu'il ordonna soula-
gèrent beaucoup le malade ; mais ce qui charmait
surtout le vieux gentilhomme, c'était de trouver
dans le jeune docteur, à côté d'une connaissance
profonde de son art, un cœur rempli de qualités
précieuses, et, ce qui était rare dans ces temps de
trouble et d'impiété, un esprit pénétré des grands
principes de la religion et de la morale chrétienne.
En peu de temps la société de M. Gonthier lui
devint en quelque sorte indispensable. De son
côté, le docteur aimait à se trouver au milieu de
cette famille, dont l'affabilité et le ton de politesse exquise lui plaisaient singulièrement. Mme de
Noironte lui offrait le modèle des épouses et des
mères, et sa fille lui apparaissait comme la plus
intéressante jeune personne qu'il eût jamais rencontrée. Le charme de cette société lui avait fait

retarder son retour en France, où il se proposait
de rentrer dans un mois ou deux au plus tard;
six mois s'étaient écoulés qu'il ne parlait pas de
quitter Bâle.

Cependant le soulagement éprouvé par M. de
Noironte était loin d'être une guérison complète.
Les remèdes et les soins du docteur n'avaient été
qu'un palliatif capable d'adoucir ou de retarder,
mais non de conjurer le fatal dénoûment. Malgré
les efforts de M. Gonthier, qui cherchait encore à
lui dissimuler la vérité, M. de Noironte ne tarda
pas à reconnaître la gravité de son état. Une fois
convaincu de sa fin prochaine, il pria l'excellent
M. Brunet de venir le voir. Après l'avoir chaleureusement remercié de ce qu'il avait fait pour lui
et les siens, et lui avoir exprimé ses regrets de ne
pouvoir lui témoigner sa reconnaissance comme il
le désirerait, il le pria, pour mettre le comble à
ses bienfaits, de tâcher de lui procurer les secours
d'un prêtre catholique pour l'assister dans ses
derniers moments.

« Je pense, répondit M. Brunet, que vous vous
alarmez mal à propos : le docteur Gonthier ne regarde pas votre position comme aussi désespérée
que vous paraissez le croire.

— Le docteur Gonthier, reprit l'officier émigré,
est un excellent homme ou plutôt un ami dévoué
que je ne saurais trop vous remercier de m'avoir
procuré; mais il est trop instruit pour se faire
illusion sur mon état; seulement il craint de nous

effrayer, ma femme, ma fille et moi-même : il a
raison peut-être à l'égard de ma femme et de mon
enfant ; quant à moi, qui ai tant de fois affronté
la mort sur les champs de bataille, je saurai bien
l'attendre courageusement dans un lit, et il a tort
de ne pas me dire toute la vérité. Du reste, je me
sens bien : mes instants sont comptés, croyez-moi,
et j'ai plus besoin, pour le moment, d'un prêtre
que d'un médecin.

— Dans tous les cas, reprit M. Brunet, cela ne
fait pas mourir ; et, puisque vous désirez un prêtre,
il vient justement d'arriver de France un digne
ecclésiastique qui n'a pas abandonné sa paroisse
pendant la révolution, mais qui vient de temps en
temps chercher ici un refuge, chaque fois qu'il
est par trop tracassé par messieurs les révolution-
naires.

— Comment le nommez-vous ?

—L'abbé Auger, curé de Foncigny, en Lorraine.

— Je n'ai jamais entendu prononcer ce nom ;
mais ma femme, qui est Lorraine, pourrait bien
le connaître, d'autant plus que sa famille avait,
je crois, une propriété dans ce même village de
Foncigny, et qui sans doute aura été confisquée et
vendue depuis notre émigration.

— Eh bien ! dit M. Brunet, ce sera un prétexte
dont je me servirai pour vous le présenter, afin
que madame ne soupçonne pas que c'est vous-
même qui l'avez demandé, et surtout par quel
motif.

—Vous ferez ce que vous voudrez; mais, mon cher Brunet, ajouta-t-il en souriant, vous n'avez pas besoin de prendre tant de précautions. Ma femme est trop bonne catholique pour ne pas être contente de me voir rechercher la visite d'un prêtre; je n'aurais même pas hésité à m'adresser à elle, sans toutefois lui faire part du danger réel que je cours, pour me procurer cette vi- site, si je ne savais que les ecclésiastiques sont très-rares dans ce pays, et qu'elle n'en connaît aucun. »

Tout se passa à merveille. Dès que l'abbé Auger se présenta, il fut accueilli par la famille de Noi- ronte comme un ancien ami, ou plutôt comme un père. Mme de Noironte était une demoiselle de Charmoille, de Nancy; l'abbé Auger avait été vicaire dans cette ville, et avait connu plusieurs personnes de cette famille, entre autres un cha- noine de la cathédrale, qui était l'oncle de Mme de Noironte; c'était même à lui qu'il avait dû d'être nommé curé de Foncigny. Mme de Noironte n'avait pas connu l'abbé Auger; mais, dans sa première enfance, elle avait habité Foncigny, où sa famille possédait un petit domaine, et elle avait été mise en nourrice chez une de leurs fermières. Elle avait conservé un vague souvenir de ce pays, et elle disait souvent qu'elle serait heureuse de le revoir un jour. Puis elle ajoutait tristement : « Mais, hélas! à quoi bon faire de pareils vœux, quand peut-être nous sommes destinés à mourir

sur la terre étrangère, sans avoir revu notre
patrie ! »

On voit que les espérances du premier temps de
l'émigration étaient complétement évanouies.

La pauvre dame n'en conservait plus guère non
plus sur le sort de son mari ; si celui-ci avait voulu
lui cacher son état, elle ne l'avait que trop bien
deviné, et à son tour, devant lui et devant sa
fille, elle se montrait rassurée, tandis qu'en
secret un cruel chagrin torturait son âme et
altérait sa santé. L'avenir se montrait à elle
sous l'aspect le plus terrible. Que deviendrait-
elle quand elle aurait perdu son mari ? Que de-
viendrait surtout Anna, leur fille chérie, quand
elle aurait perdu son père, et peut-être bientôt
sa mère, qui se sentait aussi elle-même frappée
à mort ? Nuit et jour ces tristes questions obsé-
daient son esprit.

Les mêmes pensées agitaient aussi M. de Noironte. Quel avenir était réservé à sa femme et à
sa fille ? Quand il n'y serait plus, que devien-
draient-elles, isolées sur une terre étrangère,
sans fortune, sans parents, sans soutien ?

Telles étaient les sombres inquiétudes qui tour-
mentaient les deux époux au moment de l'arrivée
du curé de Foncigny. Heureusement il leur appor-
tait la seule consolation capable d'adoucir une telle
infortune ; car la religion seule a des consolations
pour toutes les peines de la vie.

Après quelques jours d'entretien, après qu'il

les eut entendus en confession et qu'il leur eut
administré le saint Sacrement de l'autel, dont ils
étaient depuis si longtemps privés, la paix revint
dans leur âme; et si leur position n'était pas amé-
liorée, du moins ils commençaient à l'envisager
avec plus de calme et de résignation.

CHAPITRE II

Un jour M. de Noironte s'entretenait familièrement avec M. Brunet et l'abbé Auger. Il causait
avec eux, mais sans amertume, de ce qui faisait
l'objet de ses préoccupations, c'est-à-dire de
l'avenir de sa femme et de sa fille, et leur demandait, comme à ses meilleurs amis, quelques
conseils sur les moyens à prendre pour tâcher d'a-
doucir pour elles les rigueurs de cet avenir si me-
naçant. Le curé lui répondit :

« Je vous l'ai déjà dit, mon cher Monsieur, que
cette pensée ne vous tourmente pas outre mesure.
Mettez votre confiance en Dieu, priez-le avec fer-
veur, et, s'il juge à propos de vous rappeler à lui,
soyez convaincu qu'il n'abandonnera jamais les
deux personnes qui sont à si juste titre l'objet de
votre sollicitude.

— Je pense comme vous, mon cher curé, reprit
M. Brunet; prier Dieu, c'est fort bien; mettre sa

2

confiance en lui, c'est on ne peut mieux; mais si avec cela on pouvait employer quelque moyen humain pour obtenir le résultat désiré par l'honorable gentilhomme qui nous demande conseil, Dieu, je le pense, ne le défendrait pas.

— Non, certainement, reprit l'abbé, Dieu ne le défendrait pas, pourvu que ce moyen dont vous parlez n'ait rien de contraire à sa sainte loi.

— Oh! pour cela, mon cher curé, je vous le garantis. D'ailleurs vous me connaissez assez, je suppose, pour me croire incapable de proposer quelque chose qui blesserait la loi divine. Seulement j'ai toujours entendu dire : « Aide-toi, le Ciel t'aidera; » et je pense que, quand on est dans l'embarras, il ne suffit pas simplement de prier Dieu et d'attendre qu'il fasse un miracle en notre faveur, il faut s'aider un peu pour qu'il vienne à notre aide.

— Je suis parfaitement de votre avis, dit le curé.

— Et moi aussi, reprit M. de Noironte; mais veuillez, mon cher Brunet, nous faire connaître ce moyen, qui pourrait calmer mes trop justes inquiétudes sur l'avenir de ma femme et de ma fille.

— Eh bien, ce moyen est fort simple : ce serait de marier Mlle Anna, votre fille; de cette manière elle aurait un protecteur naturel dans son mari, et en même temps Mme de Noironte en trouverait un dans son gendre.

— Vous appelez cela un moyen fort simple,
mon cher ami? dit en souriant tristement le vieux
gentilhomme; oui, je conviens de son efficacité;
mais pour marier ma fille, avez-vous donc oublié
qu'il faut un épouseur? Hélas! ajouta-t-il avec
amertume, il fut un temps où, si elle eût été en
âge de se marier, les prétendants à sa main se
seraient présentés en foule, et où je n'aurais eu
que l'embarras du choix; mais c'était avant la révolution, et Anna avait à peine dix ans à cette
époque; aujourd'hui quel homme de son rang
voudrait épouser la fille d'un proscrit ruiné, et
qui n'apporterait pour toute dot qu'un nom honorable, je pourrais même dire illustre, mais dé-
pouillé des biens de la fortune nécessaires pour
en soutenir l'éclat?

— Mon Dieu, reprit Brunet, si, à l'époque dont
vous parlez, Mlle Anna eût été en âge de se marier
et qu'elle eût épousé un jeune homme de son rang,
comme vous le dites, que serait-il arrivé? Il est
probable que votre gendre eût émigré comme
vous, qu'il eût servi comme vous dans l'armée de
Condé; alors, s'il n'eût pas été tué pendant la
guerre, il serait, comme vous, proscrit et ruiné,
avec une jeune femme et peut-être deux ou trois
enfants sur les bras, et vous auriez en ce moment
sous les yeux un plus grand nombre de personnes
dont le sort à venir vous tourmenterait et augmen-
terait vos inquiétudes, avec moins d'espérance de
pouvoir les tirer un jour de cette triste position.

— Cette supposition n'est pas invraisemblable;
mais enfin où en voulez-vous venir?

— A cette conclusion : c'est que, s'il n'eût pas
été avantageux de marier votre fille à quelqu'un
de son rang lorsque la chose était possible, aujourd'hui qu'une pareille union serait bien difficile, et que d'ailleurs Mlle Anna ne pourrait, eu
égard au temps où nous vivons, trouver dans un
homme de sa condition un protecteur efficace
pour elle et pour sa mère, je ne vois pas pourquoi
elle n'accepterait pas pour époux quelqu'un qui,
sans être gentilhomme, pourrait au moins lui assurer, ainsi qu'à sa mère, cette protection dont le
besoin se fera surtout sentir si elles ont le malheur de vous perdre.

— Quoique le malheur des temps me force à
être moins difficile que je ne l'eusse été autrefois,
où nulle considération ne m'eût fait consentir à
une mésalliance, je ne puis pourtant pas accepter
pour gendre le premier venu, et je désirerais au
moins...

— Et qui parle, Monsieur, interrompit vivement Brunet, de vous offrir le premier venu pour
gendre? Certes, ce n'est pas moi qui me serais
chargé de vous faire une pareille proposition.
Celui au nom de qui je parle est un homme honorable sous tous les rapports; s'il n'est pas noble
par la naissance, il l'est certainement par le cœur,
et cette noblesse en vaut bien une autre. Du reste,
je n'ai pas à vous faire son éloge, car vous le cou-

naissez depuis longtemps, et, d'après ce que je
vous ai entendu dire, vous avez su l'appécier :
en un mot, c'est le docteur Gonthier.

— Le docteur Gonthier! s'écria M. de Noironte
avec une exclamation de surprise, mais qui n'annonçait ni contrariété ni mécontentement.

— Oui, le docteur Gonthier lui-même, répéta
M. Brunet; eh bien, ajouta-t-il, n'est-ce pas,
comme je vous le disais, un homme honorable et
qui jouit de votre estime?

— Certainement il a mon estime et même mon
amitié, que je ne prodigue pas légèrement. Aussi
ce qui a causé ma surprise, quand vous l'avez
nommé, c'est qu'après les marques de confiance
et d'affection que je lui ai données, il ne se soit
pas adressé directement à moi et qu'il ait cru
devoir recourir à un intermédiaire pour une proposition de cette nature.

— Oh! ne lui en veuillez pas pour cela. Le
pauvre garçon n'aurait jamais osé, tant il craignait
de blesser votre délicatesse de gentilhomme. Hier
encore il me disait : « Je n'ai jamais ambitionné
de titres de noblesse quand ils étaient recherchés
en France; eh bien! aujourd'hui qu'ils y sont
abolis et sans aucune valeur, je voudrais posséder un de ces vieux parchemins qui me rendrait
son égal et me donnerait le droit de solliciter son
alliance sans craindre un honteux refus. » Il m'a
été impossible de le décider à faire cette démarche
lui-même, et ce n'est pas sans peine qu'il a con-

senti à ce que je la fisse en son nom. Dieu merci, je crois que je ne me suis pas trompé, et que vous êtes disposé à accueillir favorablement sa demande.

— Oui, je suis on ne peut mieux disposé en faveur de votre protégé; mais, je le déclare, il faut qu'en effet je lui reconnaisse un mérite réel et exceptionnel pour effacer à mes yeux le défaut de sa naissance. Autrefois même, je l'avoue, ce mérite eût été insuffisant pour me faire consentir à déroger; mais les malheurs des temps ont bien rabattu en moi de ces principes, ou, si vous le voulez, de ces préjugés de caste.

— Ainsi donc je puis annoncer au docteur Gonthier que vous consentez à lui donner la main de mademoiselle votre fille?

— N'allons pas si vite, mon cher Brunet; une affaire de cette nature doit se décider en famille; je dois, avant de vous donner une réponse définitive, consulter ma femme et surtout la personne qui est le plus intéressée dans cette négociation. Tout ce que je puis vous dire à présent, c'est que de ma part il n'y aura pas d'opposition. »

Il n'y en eut pas non plus de la part de la mère ni de la fille.

Une fois le mariage décidé, le vieux gentil-homme fut le premier à en presser la célébra-tion. Il voulait avant de mourir voir le sort de sa fille assuré.

Trois semaines environ après la conversation

que nous venons de rapporter, l'abbé Auger,
chargé naturellement de présider à la cérémonie,
après avoir accompli les actes préliminaires et
obtenu l'autorisation et les dispenses nécessaires,
administra le sacrement de mariage aux nouveaux
époux, dans la maison habitée par M. de Noironte,
en présence d'un petit nombre de personnes appelées comme témoins, et parmi lesquelles figu-
rait en première ligne M. Brunet.

On eût dit que M. de Noironte attendait ce
moment pour mourir. Dès le lendemain de la cérémonie, il se trouva beaucoup plus mal. Le docteur
Gonthier appela en consultation les plus célèbres
médecins du pays; mais ni leurs prescriptions, ni
les soins empressés dont il fut l'objet, ne purent
soulager le malade. Celui-ci, sentant sa fin approcher, recommanda encore sa femme et sa fille
à son gendre; puis, après avoir reçu avec une dé-
votion exemplaire les derniers sacrements, que
lui administra l'abbé Auger, il rendit paisible-
ment le dernier soupir.

Peu de jours après la mort de son mari, Mme de
Noironte tomba malade. Elle en vint peu à peu à
un état de dépérissement accompagné d'une fièvre
hectique (espèce de fièvre lente et continue), qui
donnait une vive inquiétude à sa fille et à son
gendre. Du reste, le docteur eut bientôt reconnu
la cause du mal : c'était la nostalgie (vulgairement
appelée le *mal du pays*), dont elle était depuis
longtemps affectée, et qu'avait aggravée le chagrin

de la perte de son mari. On sait que cette maladie est mortelle lorsqu'on ne peut lui appliquer le seul remède qui puisse la guérir, le retour au pays natal. M. Gonthier s'occupa activement des moyens d'opérer ce retour, et il eut à ce sujet des entretiens fréquents avec le curé de Foncigny et M. Brunet. Sans doute il était très-facile au docteur de rentrer en France avec sa femme, dont le mariage avait changé le nom; mais il n'en était pas de même pour Mᵐᵉ de Noironte, qui était inscrite, sous ses noms de femme et de fille, sur la liste des émigrés; or le coup d'État du 18 fructidor avait, comme nous l'avons dit, ramené la persécution contre les prêtres et les émigrés, et quatre à cinq mois à peine s'étaient écoulés depuis cette date.

Cependant, au commencement de mars 1798, l'abbé Auger annonça à ses amis qu'il venait de recevoir des nouvelles de sa paroisse, où il était impatiemment attendu; on lui disait qu'il pouvait revenir en toute sécurité dans le pays, qui n'avait jamais été plus tranquille que dans ce moment.

« Vous allez donc nous quitter? demanda le docteur avec inquiétude; qu'allons-nous devenir? car vos paroles, vos conseils, vos exhortations sont les seules consolations qui soutiennent Mᵐᵉ de Noironte, et elles sont plus efficaces pour sa santé que toutes les prescriptions de la faculté.

— Je songe, au contraire, reprit le curé, à un

moyen qui serait peut-être plus salutaire à madame votre belle-mère que mes paroles et mes
exhortations; ce serait de lui procurer un asile à
Foncigny même, où, bien entendu, vous et madame votre épouse vous l'accompagneriez, et où
vous pourriez rester jusqu'à ce que l'orage révo-
lutionnaire soit passé; car enfin les orages ne
durent pas toujours, et il faut espérer qu'un jour
ou l'autre le calme renaîtra dans notre chère
patrie.

— Oh! si cela pouvait s'exécuter, Mme de Noironte serait sauvée; car elle parle sans cesse à
ma femme et à moi du désir qu'elle aurait de
revoir la Lorraine; et certainement elle se plai-
rait à Foncigny, où elle a été en nourrice et dont
elle conserve encore un vague souvenir; mais la
difficulté est de s'y rendre, et ensuite d'y séjourner en sécurité.

— La difficulté de faire le voyage ne me paraît
pas insurmontable, observa M. Brunet; et je me
charge de lui procurer un passe-port sous un nom
supposé qui lui permettrait de franchir la frontière et de traverser les départements voisins de
l'Alsace et de la Suisse sans être inquiétée; seulement croyez-vous, docteur, que l'état de sa santé
lui permette de supporter les fatigues d'un pareil
voyage?

— Oh! parfaitement. Une des particularités de
la nostalgie, c'est que la mélancolie profonde qui
l'accompagne se dissipe dès les premiers jours de

2*

marche pour le retour dans la patrie, et que la
santé revient aussitôt que le malade a mis le pied
sur le sol natal. Sous ce rapport je ne vois aucun
danger; mais, arrivée à Foncigny, pensez-vous,
mon cher curé, qu'elle puisse y séjourner en
sûreté? Ne court-elle pas le danger d'être re-
connue et dénoncée?

— A cet égard, mon cher docteur, n'ayez aucune
crainte. D'abord elle a habité trop jeune le pays
pour que personne puisse la reconnaître; ensuite
rien n'empêchera qu'elle conserve le nom qu'elle
aura pris sur son passe-port. Enfin, quand même
elle finirait par être connue sous son véritable
nom, je vous garantis que pas un seul habitant
de la paroisse ne songerait à la dénoncer. D'ailleurs, comme vous l'accompagneriez, je vous pré-
senterais aux notables de la commune comme un
médecin qui désire s'établir dans le pays; et re-
marquez qu'il n'y en a pas, et que depuis longtemps on désire qu'il en vienne un s'y fixer. Naturellement vous amenez avec vous votre femme
et votre belle-mère, et personne, j'en suis certain, ne s'avisera d'en chercher plus long. »

Lorsque le docteur fit part à Mme de Noironte
de l'idée du curé de Foncigny, les yeux de la
pauvre malade brillèrent d'un éclat qu'ils avaient
depuis longtemps perdu. Ses joues pâles se colo-
rèrent d'une faible rougeur, et elle prononça
lentement ces paroles qu'accompagnait un triste
sourire.

« Oh! oui, je serais bien heureuse d'aller
mourir sur cette terre où j'ai passé les premières
années..., hélas! les plus heureuses de ma vie!...
Oui, je voudrais être enterrée dans un cimetière
catholique... Rien ne m'afflige autant que de penser
que je serai ensevelie dans une terre protestante.

— Mais, ma bonne mère, dit Mme Gonthier en
prenant une de ses mains qu'elle couvrait de bai-
sers, pourquoi parlez-vous d'aller mourir à Foncigny? C'est, au contraire, pour y vivre et pour
vous guérir que mon mari et l'abbé Auger vous
engagent à faire ce voyage.

— Oui, Madame, reprit le docteur, Anna a
raison; je suis persuadé que le séjour dans cette
ville des Vosges, renommée par sa salubrité, et
dont vous avez déjà respiré l'air pur dans votre
enfance, vous rendrait promptement à la santé, et
vous rajeunirait en quelque sorte.

— Mes enfants, reprit Mme de Noironte, je ne
me fais pas d'illusion..., et je sens que rien ne
peut guérir le coup mortel dont j'ai été frappée;
mais, je l'avoue, l'idée d'aller finir mes jours dans
le pays qui m'a vue naître me sourit agréablement,
et si la chose est possible, faites en sorte qu'elle
s'exécute promptement, car je n'ai pas le temps
d'attendre.

— Je vais à l'instant, dit le docteur, trouver
l'abbé Auger et M. Brunet pour concerter ensemble
les moyens de mettre immédiatement notre projet
à exécution. »

En quittant la chambre de sa belle-mère,
M. Gonthier était rayonnant de joie; sa femme,
s'étant aperçue du changement extraordinaire de
sa physionomie, le suivit pour lui en demander la
cause. « Ma chère amie, lui dit-il, votre mère est
sauvée!

— Ah! mon Dieu, elle était donc bien malade?
vous en désespériez donc? Pourquoi ne me l'avez-
vous pas dit?

— Et pourquoi vous aurais-je alarmée inutile-
ment en vous faisant part de mes craintes qu'un
événement imprévu pouvait seul dissiper? Cet
événement s'est produit, ou plutôt doit se pro-
duire, et rien que l'annonce en a suffi pour me
rendre un espoir que je n'avais plus; mais il faut
user de beaucoup de ménagement, et surtout
éviter de donner à notre chère malade aucune
secousse qui pourrait ébranler son cerveau bien
faible encore. Ainsi ne lui parlez pas de ce que
je viens de vous dire; car, ainsi que vous l'avez
fait, elle en conclurait que je regardais son état
comme désespéré, ce qui pourrait l'affecter d'une
manière fâcheuse.

— Mais vous voyez qu'elle-même regarde son
état comme incurable : ne serait-il donc pas utile
de la rassurer à cet égard?

— Sans doute, mais en lui répétant, comme je
l'ai fait, qu'elle s'exagère sa situation, et que le
changement d'air amènera en elle une prompte
guérison : mais il faut bien se donner de garde de

lui laisser entrevoir que l'on partage ou qu'on a partagé ses craintes sur la gravité de son état; à cet égard, les malades aiment souvent à se dire beaucoup plus mal qu'ils ne le sont en effet ou qu'ils ne croient l'être, et cela afin d'entendre ceux qui les entourent les rassurer sur le danger qu'ils peuvent courir. »

Mme Gonthier promit de se conformer aux recommandations de son mari, et elle retourna auprès de sa mère, tandis que le docteur allait trouver le curé et M. Brunet.

Ces trois messieurs, après avoir envisagé la question sous toutes ses faces, s'arrêtèrent à une résolution définitive que le docteur leur proposa de venir eux-mêmes communiquer sur-le-champ à Mme de Noironte.

« Croyez-vous, dit M. Brunet, que cette communication, sur laquelle elle voudra nous faire quelques observations, ne la fatiguera pas?

— Au contraire, rien ne lui sera plus salutaire, et c'est pour cela que je vous ai fait cette proposition. »

Sur cette assurance, ils accompagnèrent le docteur dans la chambre de la malade.

En les voyant entrer, Mme de Noironte se souleva un peu sur son oreiller, et dit avec un léger sourire : « Bonjour, Messieurs; eh bien! venez-vous me confirmer la bonne nouvelle que m'a donnée tout à l'heure M. Gonthier? Avez-vous trouvé le moyen de me faire partir pour Foncigny dès demain, si c'est possible?

— Madame, répondit l'abbé Auger, nous avons trouvé un moyen qui vous permettra de vous transporter à Foncigny sans aucun danger; seulement ce moyen ne peut être employé que dans quatre à cinq jours au plus tôt; il faut donc que vous patientiez jusque-là?

— Quatre à cinq jours, que c'est long! et pourrai-je vivre jusque-là? Mais pourquoi donc un si long délai? et si la chose est faisable dans quatre à cinq jours, pourquoi ne le serait-elle pas demain?

— Pour plusieurs raisons, dit M. Brunet : la première, c'est que vous ne pouvez franchir la frontière de France, ni traverser le département du Haut-Rhin, sans être munie d'un passe-port en règle, délivré par l'ambassadeur de la république française auprès de la république helvétique; or cet ambassadeur réside à Berne. Je me suis chargé d'obtenir cette pièce; mais pour cela il faut que j'aille à Berne, et ce voyage, aller, retour, séjour pour me faire délivrer dans les bureaux de l'ambassade le passe-port tel qu'il nous le faut, demande au moins quatre jours. Voilà, je pense, une raison plausible; mais il y en a encore une autre que le docteur se charge de vous présenter.

— Elle est moins sérieuse, reprit le docteur, que celle de M. Brunet; néanmoins j'y attache une

grande importance. A supposer qu'aucun autre
obstacle ne vous empêchât de partir demain, il
y en aurait un très-grave à mes yeux : c'est votre
grande faiblesse. Vous ne seriez pas, je vous l'affirme, en état de supporter les fatigues du voyage,
et peut-être une demi-heure, une heure après
votre départ, vous seriez obligée de revenir sur
vos pas ou de vous arrêter en route, tandis que si
d'ici à quelques jours vous suivez le régime que
vous prescrira le docteur Behr, mon confrère,
votre faiblesse diminuera, et vous pourrez sans
inconvénient supporter la voiture.

— Vous croyez que les forces me reviendraient
en si peu de temps?

— Certainement, Madame; c'est ce que j'appel-
lerai faire vos préparatifs de voyage.

— Mais pourquoi chargez-vous le docteur Behr
de ce soin? Est-ce que vous croyez que je n'ai pas
autant de confiance en vous qu'en lui?

— Je n'en doute pas; mais je serai moi-même
obligé de m'absenter; car tandis que M. Brunet
ira à Berne vous procurer un passe-port, moi
j'accompagnerai notre bon abbé Auger à Foncigny,
pour y faire les fonctions de maréchal des logis,
c'est-à-dire pour vous y préparer un logement
convenable.

— Oui, appuya l'abbé; c'est moi qui ai engagé
M. Gonthier à faire ce voyage préparatoire, qui
me paraît vraiment indispensable. En effet, il est
nécessaire que je le présente d'abord aux habitants

de la paroisse comme un médecin qui a l'intention
de s'y fixer, si le pays lui plaît et s'il peut trouver
à s'y loger à sa guise. Ce dernier point offre
quelque difficulté; car il n'y a dans tout le village
que des maisons de paysans, à l'exception de la
cure. Si j'en étais encore en possession, j'aurais
pu vous offrir provisoirement un asile; mais elle
a été vendue à un homme de Remiremont qui spé-
cule sur les biens nationaux; il ne l'occupe pas,
et il ne l'a pas louée jusqu'à présent. Je pense qu'il
serait facile d'en obtenir la location; mais pour
cela il faut s'entendre avec le notaire qu'il a chargé
de ses intérêts, ce qui du reste sera très-facile.
Vous voyez donc, Madame, que tout cela nécessite
la présence de M. Gonthier à Foncigny et peut-être
à Remiremont : vous ne pouvez vous mettre en
route qu'à son retour, qui ne peut avoir lieu que
dans quatre à cinq jours, en ne perdant pas un
instant.

— Ce que vous dites, monsieur le curé, est
juste, reprit Mme de Noironte, et je patienterai
jusque-là, même un peu plus si c'est nécessaire;
car je vois avec plaisir que vous vous êtes sérieusement occupés tous du soin de me rapatrier.
Seulement, je ne voudrais habiter la cure qu'à
défaut d'autre local; car il me semble que nous y
serions déplacés, et d'ailleurs j'espère bien qu'un
jour viendra où elle sera rendue à sa destination
primitive. En attendant, croyez-vous qu'il ne nous
serait pas possible de racheter, sinon en entier,

au moins une partie du petit domaine que ma famille possédait à Foncigny?

— Je crois la chose d'autant plus facile, que ce
domaine a été acquis par le même personnage qui
a acheté la cure. Or cet homme croyait faire une
brillante spéculation ; mais il a été cruellement
trompé dans ses espérances. Ce domaine ne lui
avait coûté que quelques chiffons de papier ou
assignats, et il comptait bien le revendre en détail et à beaux deniers comptants aux habitants
du pays ; mais il n'a pu trouver un seul acquéreur,
quoiqu'il l'ait mis plusieurs fois en vente à des
conditions on ne peut plus avantageuses ; car, je
dois le dire à la louange de mes paroissiens, aucun
d'eux ne se soucie d'acheter de ces sortes de biens
qu'on appelle nationaux. De sorte que maintenant
toute cette propriété lui est restée sur les bras,
et qu'il ne trouve pas même de fermier pour la
cultiver ; il est obligé de la faire valoir lui-même
à grands frais, et bien certainement les dépenses
qu'il y fait sont à peine couvertes par les produits qu'il en retire, aussi je suis persuadé qu'il
consentirait bien volontiers à se défaire d'une
terre qui lui est, en définitive, plus onéreuse
qu'utile.

— En ce cas, reprit Mme de Noironte, il faudra
que M. Gonthier s'occupe aussi de cette affaire
pendant son séjour à Foncigny.

— Je n'y manquerai pas, dit le docteur, et je
ferai tous mes efforts pour la terminer.

— Cela produira un fort bon effet dans le pays,
observa le curé, en montrant que M. le docteur
est déterminé à s'y fixer d'une manière définitive.

— Pour faciliter les négociations, reprit Mme de
Noironte, j'ai là un coffret qui contient mes bijoux et mes pierreries de famille : ce sont, hélas!
les seuls débris d'une grande fortune. M. Brunet
ne pourrait-il pas nous en procurer la vente? L'argent qui en proviendrait servirait à payer cette
acquisition.

— Ne vous inquiétez pas de ce paiement pour
le moment, reprit le docteur; j'ai quelques fonds
disponibles dans mon pays, j'en disposerai d'a-
bord; puis, s'ils sont insuffisants, nous userons
du moyen que vous proposez, et, dans ce cas,
nous aurons de nouveau recours à l'obligeance de
M. Brunet, sur laquelle nous pouvons toujours
compter.

— Je ferai toujours tout ce qui dépendra de
moi pour vous être utile, dit celui-ci; mais je ne
vois pas la nécessité de recourir, au moins de
sitôt, à la vente des bijoux de Madame. J'ai encore à votre disposition une somme de dix mille
francs que M. de Noironte m'a remise au moment
de son départ pour l'armée de Condé, et cette
somme, jointe à celle que M. Gonthier pourra se
procurer dans son pays, suffira à payer sinon la
totalité, du moins une bonne partie du prix de
l'acquisition projetée.

— Mais, Monsieur, reprit la malade, vous oubliez que mon mari, en vous remettant cet argent, entendait qu'il vous servît à vous payer du loyer de cette maison que nous occupons depuis plus de six ans, et à vous couvrir de plusieurs avances que vous nous avez faites en différentes occasions.

— Je ne l'ai pas oublié, Madame; mais M. de Noironte, en me remettant ces fonds, n'entendait pas qu'ils restassent improductifs entre mes mains; je les ai donc fait valoir, et comme dans ce temps-ci l'argent comptant a une grande valeur, les intérêts que j'en ai retirés ont couvert vos dépenses de loyer et les avances que j'ai pu vous faire : de sorte que votre capital est à peu près intact, si même il n'est pas augmenté. Du reste, c'est un compte à régler entre nous, et nous nous en occuperons à mon retour de Berne.

— Oh! monsieur Brunet, s'écria Mme de Noironte, vous êtes un banquier modèle, et il y a longtemps que j'ai su vous apprécier. Enfin, Messieurs, faites pour le mieux, et tâchez de me retirer le plus tôt possible de la terre d'exil. »

En quittant l'appartement de Mme de Noironte, le curé et M. Brunet félicitèrent M. et Mme Gonthier de l'amélioration sensible qui s'était si promptement opérée dans la santé de cette dame. « La veille encore, remarquaient-ils, elle était abattue, indifférente à tout ce qu'elle voyait et entendait; à peine avait-elle la force de dire quelques mots, et elle eût été incapable de suivre une conversation : aujourd'hui elle écoutait avec intérêt ce qu'on lui disait ; elle y répondait avec justesse, et son intelligence et son jugement avaient repris toute leur force et leur lucidité.

— Messieurs, répondit le docteur, comme je vous l'ai dit, Mme de Noironte n'est affectée d'aucune autre maladie que de la nostalgie ; l'annonce d'un prompt retour dans son pays, les efforts qu'elle nous voit faire pour effectuer son retour le plus tôt possible, ont suffi pour amener cette amélioration qui vous a frappés l'un et l'autre. Mais, Messieurs, ne négligeons rien pour ne pas tromper l'espérance que nous avons fait naître en elle : une attente trop prolongée pourrait devenir funeste, une déception complète serait mortelle. »

Dès le même jour M. Brunet partit pour Berne ; l'abbé Auger et le docteur prirent la route de la Lorraine.

Nous avons vu, au premier chapitre de cette histoire, l'accueil que le docteur Gonthier, présenté par le curé, avait reçu des habitants de Foncigny. Dès qu'il eut manifesté l'intention formelle de se fixer dans le pays avec sa femme et sa belle-mère, ce fut à qui lui ferait les offres de service pour faciliter son installation. Le maire, qui était le plus riche propriétaire-cultivateur du village, lui offrit un logement dans le cas où il ne s'arrangerait pas avec le propriétaire de la cure ; mais le notaire, chargé de la procuration de ce dernier, ne voulait pas laisser échapper une si belle occasion de servir les intérêts de son client. Il lui offrit de lui vendre la cure et le domaine provenant de la famille de Charmoille à un prix qui n'avait rien d'exagéré.

Le docteur avait bien intention d'acheter le domaine, mais non le presbytère; de son côté, le propriétaire ne voulait pas vendre l'un sans l'autre. M. Gonthier consulta le curé. « Traitez, lui dit celui-ci, aux conditions que désire cet homme; il vaut mieux que ce bien, qui appartient à l'Église, soit entre vos mains qu'entre les siennes.

— Dans tous les cas, il ne sera entre les miennes qu'un dépôt, et je serai toujours disposé à le rendre quand l'Église sera rentrée en possession de ses droits, ce qui ne peut manquer d'arriver tôt ou tard.

— C'est bien ce que j'entends, et c'est pour cela que je vous donne ce conseil. »

Une fois cette difficulté aplanie, tout fut bientôt terminé. M. Gonthier se rendit à Remiremont avec le notaire; l'acte de vente fut passé immédiatement avec le propriétaire, très-heureux de se débarrasser d'un bien dont il ne savait que faire.

Quinze jours après, dans les premiers jours de mai 1798, Mme de Noironte, presque entièrement rétablie, arrivait à Foncigny avec sa fille et son gendre.

Tout était prêt pour recevoir cette famille,

que les habitants du pays accueillirent avec des démonstrations de joie comme d'anciennes connaissances. Plusieurs d'entre eux n'ignoraient pas que cette dame âgée et sa fille étaient les derniers rejetons d'une famille bien connue et bien aimée dans le pays; mais ce secret, connu seulement d'un petit nombre, fut scrupuleusement gardé tant qu'il y eut du danger à le divulguer.

CHAPITRE III

Aussitôt après leur installation à la cure, M. Gonthier s'occupa de faire construire, sur un terrain dépendant du domaine qu'il avait acheté, une maison d'habitation pour s'y loger d'une manière définitive. Il fut lui-même l'architecte de cet édifice, et en dirigea seul la construction avec autant de goût que d'intelligence. Malgré l'activité qu'il déploya dans ses travaux, la maison ne fut guère terminée qu'au bout de dix-huit mois; mais il fallait encore attendre six mois avant qu'elle fût habitable.

Le jour même, 9 novembre 1799, où les maçons avaient attaché au faîte de la maison le bouquet traditionnel qui annonçait la fin des travaux, Mme Gonthier avait donné le jour à une fille qui reçut, à son baptême, le nom de Louise.

Ce fut un double sujet de réjouissance pour la famille et pour le pays; car la plupart des habitants avaient contribué aux travaux de la maison

du docteur, les uns en voiturant les matériaux
nécessaires, les autres en aidant aux maçons, et
à ce titre ils avaient été invités par M. Gonthier
à prendre part au banquet qu'il donna pour
arroser le bouquet et célébrer en même temps le
baptême du nouveau-né.

Cet empressement des habitants de Foncigny
à aider le docteur dans ses travaux de bâtisse
montre à quel point, depuis leur arrivée, M. et
Mme Gonthier s'étaient fait aimer de ces bonnes
gens par les services toujours gratuits, bien
entendu, que le mari rendait comme médecin, et
par les soins délicats que la femme donnait aux
malades visités par son mari; car on peut dire
qu'elle remplissait envers eux, et surtout envers
les plus pauvres, les fonctions d'une véritable
sœur de Charité. Aussi prenaient-ils une part des
plus vives à tout ce qui pouvait les intéresser;
et jamais baptême, dans leur propre famille, ne
fut célébré avec autant de joie et de pompe que
celui de la *petite fille du docteur,* comme ils commencèrent dès lors à l'appeler.

Ce qui contribua encore à augmenter la joie
publique, c'est que M. le curé n'avait pas craint
de donner à la célébration du baptême une publi-
cité et une certaine solennité à laquelle on n'était
plus accoutumé depuis la fermeture des églises.
Y aurait-il quelque bonne nouvelle qu'on n'osait
encore publier? Allait-on rouvrir les églises,
cesser de persécuter les prêtres, et rendre aux

fidèles la liberté d'adorer et de servir Dieu comme le faisaient leurs pères? Sans savoir au juste ce qui se passait, on peut dire qu'il y avait, comme il arrive souvent à l'approche des grands événements, une sorte de bruit vague, de rumeur répandue dans l'air, qui semblait annoncer quelque chose d'extraordinaire.

Enfin le soir arriva la nouvelle du mémorable événement qui s'était accompli dans la journée du 18 brumaire (c'est-à-dire ce même jour 9 novembre). M. le maire lui-même, qui avait reçu des dépêches du chef-lieu, annonça que le général Bonaparte, récemment arrivé d'Égypte, avait renversé le Directoire, et formé un nouveau gouvernement à la tête duquel il s'était placé, avec deux collègues, sous le titre de consul; que le peuple serait bientôt appelé à sanctionner par ses votes les changements qui venaient d'avoir lieu, et la nouvelle constitution qui serait soumise à son approbation.

Le plus grand nombre des villageois de Foucigny étaient loin de comprendre la portée d'un pareil événement. Seulement tous avaient entendu parler des victoires du général Bonaparte en Italie et de sa campagne merveilleuse en Égypte, et ils avaient l'espoir que cet homme providentiel allait ramener l'ordre et le calme dans la France.

Sous l'empire de ces idées, et des copieuses libations de vin en l'honneur du baptême de la fille du docteur, les paysans se livrèrent à des

3

démonstrations de joie bruyante ; il y eut feux de joie, danses et rondes villageoises, et l'on ne se sépara que bien avant dans la nuit.

Bientôt la plupart des actes du nouveau gouvernement réalisèrent les espérances qu'il avait fait concevoir. L'ordre et la tranquillité rétablis dans l'intérieur, la Vendée pacifiée, les portes de la France rouvertes à tous ses enfants que la révolution avait forcés de s'expatrier, la réconciliation de la France avec le souverain pontife au moyen d'un concordat qui rendait libre l'exercice du culte catholique : tels furent les premiers bienfaits par lesquels le consulat inaugura son pouvoir et le commencement du xixe siècle.

Ce fut à Foncigny un grand jour de fête que celui où la cloche, si longtemps muette, appela les fidèles à la première cérémonie religieuse célébrée par leur vénérable curé dans leur ancienne église rendue au culte. Hommes et femmes, vieillards et enfants, tous, sans exception, répondirent à cet appel ; et lorsque le digne pasteur monta en chaire et adressa à son auditoire quelques paroles d'une voix troublée par l'émotion, des larmes d'attendrissement coulèrent de tous les yeux.

Quelques jours avant l'ouverture de l'église, M. Gonthier avait installé le curé dans les bâtiments du presbytère, en attendant qu'il eût rempli les formalités nécessaires pour transférer la propriété de cet immeuble à la commune de Foncigny; puis il était allé avec sa famille occuper sa nouvelle maison.

Le maire, d'accord avec le conseil municipal et le conseil de fabrique, voulant témoigner au docteur la reconnaissance de la paroisse pour cet acte de générosité, décida qu'un banc d'honneur lui serait réservé dans l'église pour lui et sa famille, à perpétuité. M. Gonthier ne voulait pas d'abord accepter, disant que ce serait blesser les principes de la véritable égalité, c'est-à-dire de l'égalité de tous les hommes devant Dieu, et, de plus, que ce serait en quelque sorte rétablir un privilége, tandis que tous les priviléges avaient été abolis par la révolution; mais Mme de Noironte, née de Charmoille, qui maintenant ne craignait plus de proclamer tout haut son nom et ses titres, s'opposa formellement à l'intention que son gendre manifestait de refuser l'offre du maire. « Je suis, lui dit-elle, la dernière représentante de la famille de Charmoille, qui autrefois possédait la seigneurie de ce village et ses dépendances; le château, dont les ruines existent encore à Foncigny-le-Haut, était habité au XVIe siècle par Honoré-Guy de Charmoille, un de mes ancêtres; c'est lui qui a fait construire l'église de Foncigny-le-Grand, et lui, ainsi que ses descendants, y ont toujours eu un banc seigneurial où on leur offrait l'encens quand ils assistaient aux offices. Je ne songe pas sans doute aujourd'hui à me prévaloir de ces anciens droits; mais puisque ces gens nous offrent

un banc d'honneur à l'église, nous devons toujours
l'accepter comme une compensation provisoire de
ces mêmes droits, et un acheminement à les faire
revivre dans leur plénitude quand le moment en
sera venu. »

Pour faire comprendre cette dernière phrase
à nos lecteurs, nous devons dire que Mme de Noironte était persuadée que le premier consul ne
songeait qu'au rétablissement pur et simple de la
monarchie, telle qu'elle existait avant 1789. Elle
ne voyait en lui qu'un nouveau Monk qui attendait et préparait l'occasion de rappeler sur le
trône de ses pères le roi exilé, et de rendre en
même temps à la noblesse ses biens, ses titres et
ses priviléges.

Le docteur, qui connaissait les idées de sa belle-
mère, savait que sur ce chapitre il n'y avait pas
moyen de lui faire entendre raison. Ne voulant
donc pas la contrarier ni entamer avec elle une
discussion interminable, il accepta les proposi-
tions du maire, et le jour de la cérémonie de la
réouverture de l'église, ainsi que les dimanches
suivants, Mme de Noironte trôna, avec toute la
dignité d'une noble châtelaine, à la première place
du banc d'honneur.

Quelque temps après, Mme de Noironte apprit
que plusieurs émigrés de sa connaissance, ren-
trés en France sur l'invitation du premier consul,
avaient obtenu la restitution de tout ou partie de
leurs biens qui n'avaient pas été vendus. Or il

existait dans cette catégorie un certain nombre
d'arpents de bois ayant appartenu à M. de Noironte ; plus , dans le département de la Meurthe,
une forêt assez considérable , qui était une ancienne propriété de la famille de Charmoille. Elle
engagea son gendre à faire des démarches auprès
du nouveau gouvernement pour faire rentrer ces
biens dans leur possession.

M. Gonthier était peu porté par caractère au
métier de solliciteur ; il hésita quelque temps à se
rendre aux instances de sa belle-mère. Cependant,
après en avoir conféré avec le curé de Foncigny,
après avoir envisagé le plus ou moins de probabi-
lité de succès, il se décida à faire le voyage de
Paris ; car ce n'était que là qu'il pouvait espérer
de réussir, en s'adressant directement aux dépo-
sitaires du pouvoir.

Il partit donc, résolu à ne rien négliger ; car il
y allait de l'intérêt de sa femme, de son enfant, de
sa belle-mère , et aussi des pauvres de Foncigny,
qu'il pourrait secourir plus facilement s'il se trouvait à la tête d'une fortune indépendante. Ces
idées le soutinrent pendant son voyage et pendant
les premiers jours qui suivirent son arrivée à Paris.
Mais bientôt il fut fatigué de l'inutilité de ses démarches. Au bout d'un mois il n'avait pu encore
aborder le ministre, malgré les demandes réité-
rées d'audience , et les promesses qu'on lui avait
faites dans les bureaux. Désespérant de réussir, il
était sur le point de retourner en Lorraine, lors-

qu'un jour, en traversant la place du Carrousel, il se rencontra face à face avec un personnage enveloppé d'un manteau qui lui cachait une partie de la figure. Leurs yeux se rencontrèrent, et tandis que M. Gonthier cherchait à se rappeler où il avait vu cette figure dont il n'apercevait qu'une partie, une exclamation joyeuse, sympathique, fut poussée par l'inconnu, qui, déroulant son bras des plis de son manteau, tendit la main à notre docteur stupéfait, en s'écriant : « Je ne me trompe pas, c'est bien toi, Gonthier ; et que fais-tu ici? Il y a un siècle que je n'ai entendu parler de toi !

— C'est toi, Larrey (1)! s'écria Gonthier à son

(1) Jean-Dominique Larrey, célèbre chirurgien militaire, surnommé l'*Ambroise Paré* de notre époque, naquit en 1766 à Baudéan, près de Bagnères (Hautes-Pyrénées), et mourut en 1842. Il se forma sous Desault et Sabatier, entra dans le service de santé à l'armée du Rhin, en 1792, sous le maréchal Luckner, qui le nomma chirurgien en chef; il fit en cette qualité les campagnes d'Italie, d'Orient, d'Allemagne, d'Espagne, de Russie, déployant partout un zèle infatigable. Il donna le premier l'exemple d'enlever les blessés sur le champ de bataille, et créa les *ambulances volantes,* établissement salutaire qui permet de donner aux blessés des secours immédiats, et qui le fit justement regarder comme la *providence du soldat.* Napoléon l'aimait et l'estimait beaucoup ; il ne l'appelait jamais que le *vertueux Larrey.* En 1809, après la bataille de Wagram, il l'avait fait baron, avec une dotation de trois mille francs de rentes; il lui légua cent mille francs par son testament. Il fut plusieurs fois blessé lui-même dans l'exercice de ses fonctions, notamment à Saint-Jean-d'Acre et à Waterloo. Dans cette dernière bataille il tomba entre les mains de l'ennemi; mais, aussitôt qu'il fut rétabli de ses blessures, les Anglais s'empres-

tour, en serrant avec effusion la main qu'on lui
présentait; oh! je suis bien heureux de te rencontrer. Je ne te croyais pas en ce moment à
Paris; sans cela, je me serais empressé d'aller te
voir.

— Je n'y suis arrivé que depuis peu de jours;
il y a un mois à peine que je suis débarqué à Mar-
seille avec les derniers détachements de l'armée
d'Égypte; je comptais me reposer quelque temps
dans cette ville, et ensuite aller respirer l'air de
nos montagnes, lorsque, à peine débarqué, j'ai
reçu ma nomination de chirurgien en chef de la
garde des consuls, avec ordre de me rendre immédiatement à Paris pour prendre possession de
mon nouveau poste.

— Je t'en félicite sincèrement, mon cher et ancien camarade, et voilà sans doute pourquoi je te
vois sortir du palais des Tuileries?

— Oui; mon service m'y amène à peu près tous
les jours. Et toi, qu'es-tu devenu depuis près de
dix ans que nous ne nous sommes vus? Mais je suis
bien bon de t'adresser cette question à la place où
nous sommes; nous en avons un peu trop long à

---

sèrent de le rendre à la liberté. A la paix, il fut nommé chirurgien en chef de la garde royale, malgré son attachement
bien connu pour Napoléon, puis chirurgien en chef des Inva-
lides et de l'hôpital du Gros-Caillou. Il avait été, dès 1797,
nommé professeur au Val-de-Grâce : on lui a élevé, dans la
cour d'honneur de cet hôpital, une statue en bronze, œuvre
de David (d'Angers). Son nom a été donné à une des rues
voisines de l'École de médecine.

nous dire pour rester debout et parler de nos affaires au milieu de tous ces passants qui nous cou-
doient. Es-tu libre de ta soirée?

— Parfaitement.

— Moi aussi, par un hasard exceptionnel ou
plutôt providentiel; en ce cas, monte avec moi
en voiture, je vais t'emmener chez moi; nous
dînerons tête à tête, et nous causerons ensuite
comme de vieux camarades, jusqu'à..., ma foi,
jusqu'à ce que nous n'ayons plus rien à nous
dire. »

Et les deux amis partirent pour le Val-de-Grâce,
où demeurait Larrey.

Nous n'avons pas intention, comme on le pense
bien, de rendre un compte détaillé de l'entretien
des deux anciens camarades pendant cette entrevue, qui se prolongea une bonne partie de la
nuit. Nous dirons seulement, pour expliquer leur
intimité, qu'ils s'étaient connus d'abord à Tou-
louse, où ils avaient été ensemble étudiants à
l'École de médecine et de chirurgie; puis ils s'é-
taient retrouvés à l'armée du Rhin, où ils avaient
fait les campagnes de 1792, 1793, et une partie
de 1794. Dès lors ils s'étaient séparés, pour ne
se retrouver qu'au moment où nous les voyons
réunis.

L'histoire de Larrey était plus variée, plus dra-
matique, et par conséquent bien autrement intéressante que celle de son ami. Aussi celui-ci l'é-
coutait-il avec un silence religieux raconter ces

grandes expéditions d'Italie, et ces merveilleuses campagnes d'Égypte et de Syrie auxquelles il avait pris part; puis quand il l'entendait parler avec une vive admiration du général en chef Bonaparte, que Larrey mettait au-dessus de tous les héros de l'antiquité et des temps modernes, Gonthier se sentait entraîné à partager son enthousiasme, et il lui disait avec une certaine émotion : « Oh! que tu es heureux d'approcher souvent d'un tel homme, et de lui parler avec familiarité!

— Avec familiarité n'est pas le mot, reprit Larrey; car personne, pas même les généraux qu'il aime le plus, ne se permettrait de lui parler familièrement; il y a en lui quelque chose qui impose le respect à tous ceux qui l'approchent. Je ne lui parle donc pas familièrement, mais je lui parle avec franchise, et jamais cette franchise n'a déplu. Mais c'est assez t'occuper de moi; à ton tour : voyons ce que tu as fait depuis que nous nous sommes séparés. D'abord, pourquoi as-tu quitté le service de santé de l'armée?

— Mon Dieu, tu dois te rappeler que ce n'est, pour ainsi dire, qu'à mon corps défendant que je me suis décidé à accepter l'emploi de chirurgien militaire; sans cela, j'aurais été obligé de servir comme simple soldat, et j'avoue que j'aimais mieux être chargé d'une trousse et manier un bistouri ou une sonde que de porter un sac et de manœuvrer un sabre ou un fusil; mais quand il s'est agi de mettre la main à l'œuvre, j'ai été tel-

3*

lement effrayé de ma tâche et de la terrible res-
ponsabilité qui m'incombait si je ne m'en acquit-
tais pas convenablement, que j'ai plus d'une fois
regretté de n'avoir pas endossé l'uniforme de
simple troupier.

— Cependant tu t'es toujours admirablement
acquitté de ton service malgré cette défiance de
toi-même que je t'ai toujours reprochée. Plus
d'une fois même, en ma qualité de chirurgien en
chef de l'armée, j'ai dû te signaler dans mes rapports pour des actes où tu avais fait preuve d'autant de courage que d'intelligence et de présence
d'esprit; et tu sais que, malgré l'amitié que je te
porte, je ne l'aurais pas fait si tu ne l'avais réel-
lement mérité. Pour ne citer qu'un détail qui me
revient en mémoire, n'est-ce pas toi qui m'as le
mieux secondé pour l'installation des ambulances
volantes, qu'aucun de nos confrères ne pouvait
ou ne voulait comprendre? Le fait est que sans
toi je ne serais peut-être jamais arrivé à fonder ce
genre d'établissement, qui a rendu de si grands services, et qui aujourd'hui est généralement adopté.

— Oui, mais c'est toi qui avais conçu l'idée;
je n'ai fait que suivre tes intentions à la lettre.
C'est comme dans toutes les opérations difficiles :
je me sentais incapable de les exécuter, si tu ne
m'avais aidé de tes conseils. Une fois que tu
m'avais dit : Il faut t'y prendre de telle manière,
je n'éprouvais plus la moindre hésitation, et j'o-
pérais à coup sûr; mais je n'étais toujours que le

bras qui agissait, et toi tu étais la tête qui diri-
geait. Lorsque, quelque temps après le 9 thermidor, tu nous as quittés pour aller, je crois, à
l'armée des Pyrénées, et de là à celle d'Italie, je
retombai dans mon découragement habituel. J'é-
tais comme un navigateur qui aurait perdu sa
boussole. Je compris alors que pour exercer ce
redoutable métier de médecin ou de chirurgien
militaire, il faut une vocation spéciale qui me
manquait, jointe à des connaissances plus étendues que celles que je possédais. Je résolus alors
de donner ma démission, et de me préparer à
exercer la médecine civile.

— Ah! ah! dit en souriant Larrey, est-ce que
tu penses qu'il y a deux médecines, une civile et
une autre militaire, ou, en d'autres termes, que
les maladies des bourgeois sont différentes de
celles des soldats, et que les premières sont plus
faciles à guérir que les autres?

— Non, je ne le pense pas, surtout en temps
de paix; mais en temps de guerre c'est bien différent, et ce dont je suis persuadé alors, c'est
qu'un médecin, et surtout un chirurgien militaire, lorsqu'il se trouve sur un champ de bataille
après un combat meurtrier, et Dieu sait si de nos
jours les combats sont fréquents et meurtriers, a
besoin d'une science profonde de son art, d'une
rare présence d'esprit, quelquefois même d'une
sorte d'illumination soudaine, pour pouvoir agir
avec rapidité, sans hésitation, et faire à la mi-

nute, sans avoir le temps de réfléchir, et cependant avec calme et sang-froid, les opérations les plus diverses et les plus compliquées. Dans la médecine civile, au contraire, ces cas pressés ne se présentent jamais, ou du moins bien rarement et d'une manière isolée; de sorte que le praticien n'est jamais pris au dépourvu, qu'il a toujours un temps suffisant pour étudier la maladie de ses clients, et pour n'appliquer ses moyens curatifs qu'après une sage réflexion. Tels sont, mon cher, les motifs qui m'ont déterminé à donner ma démission.

— Ces motifs sont trop louables par eux-mêmes pour que je puisse les blâmer; seulement je regrette de ne pas t'avoir eu plus longtemps sous ma direction : je suis persuadé que je serais arrivé bientôt à te donner cette confiance en toi-même, cette assurance qui te manquaient, et que l'on acquiert mieux encore par la pratique que par l'étude.

— C'est possible; mais, comme je te l'ai dit, tu n'étais plus là pour me servir de guide.

— Et, après avoir donné ta démission, qu'es-tu devenu?

— Tu sais que mon instruction n'avait pas été aussi complète que la tienne; car tu avais deux ans d'étude de plus que moi, sans parler d'un an de pratique comme chirurgien de marine, sans parler surtout de cette sûreté de coup d'œil dont tu es doué naturellement, et que je suis loin de posséder. J'avais en quelque sorte été arraché, simple étudiant, des bancs de l'École pour être jeté au milieu des hôpitaux et des ambulances de l'armée. Une fois libre, je résolus d'acquérir par l'étude l'instruction qui me manquait; et comme je me trouvais en Allemagne, et que les médecins de ce pays ont une grande réputation de science, j'ai fréquenté les cours publics des plus célèbres universités; puis j'ai visité la Suisse, où je me suis mis en rapport avec les docteurs les plus renommés; enfin je suis arrivé à Bâle, où j'avais une recommandation pour le fameux docteur Behr. Je comptais rester un mois ou deux dans cette ville et rentrer ensuite en France, lorsque des circonstances imprévues y ont prolongé mon séjour beaucoup plus longtemps, et ont amené un changement notable dans mon existence. »

Ici le docteur Gonthier raconta à son ami comment il avait fait la connaissance de la famille de Noironte, et par quel enchaînement de faits il avait été amené à épouser Mlle Anna de Noironte, et à venir se fixer avec sa femme et sa belle-mère dans un village du département des Vosges; enfin quels étaient les motifs qui lui avaient fait entreprendre le voyage de Paris; mais que, désespérant de pouvoir aborder les ministres, il était sur le point de retourner en Lorraine sans avoir accompli le but de son voyage, lorsqu'il avait rencontré son ami.

Larrey avait écouté attentivement le récit de son ancien camarade. Quand celui-ci eut terminé, il lui dit : « Mais, au lieu de perdre ton temps à chercher à parler aux ministres, que ne t'adressais-tu directement au premier consul?

— Au premier consul! s'écria Gonthier; et comment veux-tu que je songe à aborder un si grand personnage, quand je ne puis pas même obtenir une audience d'un de ses ministres?

— Ah! c'est que tu ne sais pas t'y prendre. Moi e me charge de te tirer d'embarras, et même de faire réussir ton affaire.

— Quoi! mon ami, au milieu des grandes préoccupations qui absorbent tous tes instants, tu veux bien te charger de faire des démarches en ma faveur? je n'aurais vraiment pas osé t'en prier.

— Tu aurais eu grand tort. A quoi donc servirait ce titre d'ami que nous nous donnons mutuellement, si ce n'était qu'un vain mot, et s'il ne nous imposait le devoir de nous être utiles l'un à l'autre dans l'occasion? Mais laissons là les phrases, et venons au fait. Demain tu rédigeras ta demande en forme de pétition très-laconique, tu l'adresseras au premier consul, et tu me l'apporteras dans la matinée. Je la présenterai dans la journée, en demandant pour toi une audience, qui te sera probablement accordée.

— Et tu espères obtenir du premier consul une réponse favorable à ma pétition?

— Je l'espère d'autant mieux qu'il voit avec plaisir l'union des hommes nouveaux avec les fa-

milles de l'ancien régime ; il ne néglige jamais
l'occasion d'encourager ces sortes de mariages ;
il les regarde comme un des moyens les plus efficaces d'opérer la fusion des partis, d'éteindre peu
à peu les haines nées de la révolution, et de préparer une génération dévouée à la nouvelle monarchie que, je te le dis tout bas en confidence,
il se propose d'établir.

— Est-ce que par hasard, comme le prétend
ma belle-mère, Bonaparte voudrait jouer le rôle
de Monk, et rétablir les Bourbons sur le trône?

— Ah! ah! quelle idée! s'écria en riant Larrey ;
non, non, il n'y a jamais songé : s'il relève le
trône, comme j'ai tout lieu de le croire et comme
on l'apprendra bientôt, ce n'est pas pour y faire
monter un autre, mais c'est pour s'y asseoir lui-
même.

— Ainsi il se fera proclamer roi?

— Roi, je ne le pense pas; mais dictateur ou
empereur, je ne sais au juste. Du reste, sur tout
cela silence absolu ; en sortant d'ici oublie ce que
je viens de te dire, comme si tu ne m'avais pas
entendu le prononcer. Maintenant songe à ta pétition, et à demain. »

Le lendemain, ainsi qu'il le lui avait promis,
Larrey remit au premier consul la pétition de
Gonthier, après l'avoir apostillée d'une courte et
chaleureuse recommandation.

Deux jours après, Gonthier obtint une audience
du premier consul. Lorsque l'huissier l'introduisit

dans le cabinet du vainqueur de Marengo, du
futur empereur, le pauvre Gonthier, avec sa ti-
midité ordinaire, ne put que faire un profond
salut et articuler quelques paroles à peine intelli-
gibles. « Ah! dit Bonaparte, c'est vous dont
Larrey m'a parlé? Vous avez en lui un ami dévoué, et une telle amitié parle assez en votre
faveur pour que je n'aie pas hésité à vous ac-
corder votre demande. L'ordre sera donné au
directeur des domaines nationaux de lever le sé-
questre apposé sur ceux des biens de votre beau-
père et de votre belle-mère qui n'ont pas été
vendus pendant la révolution, et de vous faire
rentrer en possession de ces immeubles. »

Gonthier salua de nouveau, et prononça un peu
plus distinctement quelques mots de remercîment
et de reconnaissance, et se retira. Il courut ensuite chez son ami Larrey pour lui faire part de la
bonne nouvelle, et lui témoigner toute sa gratitude.

Huit jours après il arriva à Foncigny. Mme de
Noironte, en apprenant l'heureux résultat de son
voyage, ne tarissait pas en éloges du général Bonaparte; elle l'appelait un héros, un David, un
Macchabée, qui avait relevé les autels du vrai
Dieu, et qui ne tarderait pas à mettre le comble
à sa gloire en relevant le trône de nos rois légi-
times.

Le docteur Gonthier se garda bien de la détromper, et de lui faire part des confidences de
Larrey.

CHAPITRE IV

Franchissons un espace de dix à onze ans.

Nous sommes à la fin d'août 1813. Un voyageur monté sur un cheval vigoureux, mais qui paraît fatigué par une longue traite, arrive dans le village de Foncigny-le-Grand, vers six heures du soir. Il s'informe auprès du premier paysan qu'il rencontre de la demeure du docteur Gonthier. On lui indique une maison de belle apparence, la seule du reste qui se trouve dans le village. Il s'arrête devant une porte grillée, fermant l'entrée d'une cour au delà de laquelle est construit un joli pavillon d'habitation ; à droite et à gauche de la cour, s'élèvent des bâtiments qui servent de communs. Dans les intervalles qui séparent ces bâtiments du pavillon principal, on aperçoit des arbres, des arbustes, des fleurs indiquant l'entrée d'un jardin qui doit s'étendre derrière la maison.

Le voyageur, après avoir jeté un coup d'œil ra-

pide sur l'ensemble de ces objets, mit pied à terre
et sonna à la grille. Un instant après, une grosse
paysanne qui paraissait attachée au service de la
maison accourut derrière la grille, et avant de
l'ouvrir demanda ce que désirait l'étranger.

« Je voudrais parler à mon ami le docteur Gonthier, dit le voyageur.

— M. le docteur est absent depuis hier, et il
ne rentrera que ce soir fort tard, si même il
rentre aujourd'hui; car il m'a dit que s'il n'était
pas de retour à dix heures, il ne fallait pas l'attendre plus longtemps. »

L'étranger parut contrarié de cette réponse, et
il dit à mi-voix et comme se parlant à lui-même :
Allons, je joue de malheur, il m'avait pourtant
écrit qu'il ne découchait jamais ; puis, élevant la
voix : « Êtes-vous au moins bien sûre qu'il sera
ici demain de bonne heure?

— Pour cela, je ne pourrais pas l'affirmer;
mais il reviendra bien certainement dans la journée.

— Il est donc allé bien loin d'ici?

— Il est allé à Nancy conduire Mlle sa fille auprès de sa grand'mère.

— Est-ce que Mme de Noironte n'habite plus
avec M. Gonthier?

— Oh! il y a longtemps qu'elle a fixé sa résidence à Nancy, et quand elle vient ici, elle n'y
reste que quelques jours. »

L'inconnu ne parut pas disposé à pousser plus

loin ses questions. Après avoir réfléchi un instant,
il dit à la servante :

« Voudriez-vous, ma bonne, m'indiquer une
auberge où je puisse faire reposer mon cheval,
qui est passablement fatigué?

— Il n'y a point d'auberge ici qu'un mauvais
cabaret où je ne sais pas seulement s'il y a une
écurie; mais puisque Monsieur connaît M. le docteur, il peut fort bien mettre son cheval dans
notre écurie; et s'il veut accepter un lit pour lui-
même, je suis persuadée qu'il fera plaisir à mon
maître.

— J'accepte l'écurie pour mon cheval; quant à
moi, j'irai demander l'hospitalité à votre curé,
qui est aussi de mes amis.

— Comme il plaira à Monsieur, » répondit la
bonne en ouvrant la grille. Elle prit aussitôt le
cheval par la bride, et le conduisit à l'écurie. L'é-
tranger la suivit, et, voyant la manière dont elle
s'y prenait pour débrider le cheval et le dessan-
gler, il lui dit en souriant : « On voit que vous
vous y entendez.

— Oh! Monsieur peut être tranquille pour la
bête; c'est moi qui le plus souvent panse le cheval
de notre maître; car mon mari, qui est ordinairement chargé de cette besogne, n'a pas toujours le
temps de s'en occuper.

— Oui, oui, je crois effectivement que mon
cheval sera bien soigné, » dit en souriant le voyageur. Et, détachant son portemanteau, qu'il prit

sous son bras , il demanda la direction du presbytère.

« C'est à côté de l'église dont vous apercevez
d'ici le clocher, » dit la servante , tout en conti-
nuant à s'occuper du cheval, et en garnissant de
foin son râtelier.

Quelques minutes après l'inconnu sonnait à la
porte de la cure.

Notre ancienne connaissance l'abbé Auger, le
vénérable curé de Foncigny , se promenait dans
son jardin en achevant de réciter son bréviaire,
lorsque sa gouvernante , la vieille Manette, vint
lui annoncer qu'un étranger l'attendait au salon.

« Dites-lui, répondit le curé, qu'il ait la com-
plaisance d'attendre deux minutes. » Et il continua son office.

A peine avait-il prononcé le dernier *Amen* et
fermé son bréviaire, que, levant les yeux, il aperçut, à l'autre bout de l'allée, un étranger, probablement celui que lui avait annoncé Manette, qui
s'avançait en souriant à sa rencontre. Le curé dou-
bla le pas pour lui épargner la moitié du chemin ;
quand ils furent près de se rencontrer, le nouveau
venu s'écria : « Pardon, mon brave et digne curé,
si je n'ai pas eu la patience de vous attendre au
salon ; mais j'étais trop pressé de vous serrer dans
mes bras.

— Quoi ! c'est vous, mon cher monsieur Brunet ! » s'écria le prêtre à son tour ; et tendant les
bras à son ancien hôte de Bâle, les deux vieux

amis se donnèrent une véritable accolade frater-
nelle.

Après les premiers épanchements de l'amitié,
après les premières questions rapidement échan-
gées sur l'état de leur santé, sur le bonheur qu'ils
éprouvaient de se revoir après une si longue sé-
paration, les deux amis rentrèrent à la maison,
où le curé fit servir quelques rafraîchissements
au voyageur en attendant le souper. Puis la conversation s'engagea d'une manière plus suivie, et
se prolongea pendant le repas et une partie de la
soirée.

« Comment avez-vous donc fait, demanda le
curé, pour attendre si longtemps à venir nous
voir, après les promesses que vous nous aviez
faites, à ce bon docteur et à moi, et, ce qui n'est
pas moins grave, pour nous laisser depuis plus de
deux ans sans avoir de vos nouvelles?

— Que voulez-vous, mon cher abbé, une fois
qu'on est lancé dans les grandes affaires, on ne
s'appartient plus, pour ainsi dire, on est entraîné
malgré soi. J'ai été, depuis plusieurs années,
associé à des entreprises de fournitures pour les
armées de la confédération du Rhin, et vous ne
sauriez croire combien cela m'a donné de tracas.
Je suis continuellement en voyage, et l'on me
rencontre plus souvent à Dresde, à Francfort ou
à Munich qu'à Bâle. J'arrive en ce moment de
Vienne en Autriche, et je me rends à Paris. J'ai
fait un détour, afin de venir vous voir, ainsi que

l'ami Gonthier ; mais je ne suis heureux qu'à
demi, puisque je n'ai pas rencontré ce cher docteur.

— Vous le verrez, je vous le garantis ; car,
malgré ce qu'a pu vous dire cette brave femme
Journet, sa domestique, je suis convaincu qu'il
rentrera ce soir. Il a trop d'occupations ici en ce
moment pour découcher deux jours de suite. Je ne
serais pas même surpris de le voir arriver ce soir
au presbytère ; car, en apprenant votre arrivée, il
ne voudra probablement pas se coucher sans vous
avoir embrassé.

— Mais il ne pourra connaître mon arrivée,
puisque je n'ai pas dit mon nom à sa domestique ;
j'ai même été surpris qu'elle ne me l'ait pas demandé, et que, sans me connaître, elle m'ait offert
non-seulement d'héberger mon cheval, mais de
me donner un lit pour moi-même. Je n'ai pas eu
l'indiscrétion d'accepter une pareille offre tout entière en l'absence du maître de la maison ; je ne
l'ai acceptée que pour ma monture, me réser-
vant de venir vous demander l'hospitalité pour
moi-même.

— Je suis heureux pour ma part que cette circonstance m'ait procuré le plaisir de vous voir un
peu plus tôt et de vous accueillir sous mon toit ;
mais je dois vous dire qu'en vous offrant une
chambre pour vous, et une place à l'écurie pour
votre cheval, cette femme ne faisait que se conformer aux intentions de son maître. Personne ne

pratique l'hospitalité d'une manière plus large et plus généreuse que lui, et s'il témoigne quelque mécontentement à sa domestique, ce sera de n'avoir pas insisté davantage pour retenir l'étranger qui se présentait, sans même se douter que cet étranger est un de ses meilleurs amis.

— Oh ! je reconnais bien là son cœur ; mais donnez-moi donc des nouvelles de cet excellent docteur... ou plutôt commencez par m'en donner des vôtres ; puis après nous parlerons de lui.

— Ce qui me concerne n'offre absolument rien d'intéressant. Mon existence est réglée d'une manière uniforme depuis le premier janvier jusqu'à la Saint-Silvestre. Jamais un incident de quelque importance ne vient en déranger la marche. C'était bien différent à l'époque où j'étais à chaque instant obligé d'aller chercher un asile auprès de vous. Dans ces temps-là, nous autres pauvres prêtres nous étions toujours en transe, et la persécution ne nous laissait guère un instant de repos. Eh bien ! admirez la bonté de la divine Providence, qui à côté des plus grands maux place des remèdes souverains, et qui se plaît à répandre des consolations proportionnées aux afflictions qu'elle nous envoie pour nous éprouver : je me sentais, au milieu des tribulations des temps orageux, plus de force, de courage et de résolution que je n'en aurais peut-être à présent ; jamais je n'ai eu alors un instant de défaillance et de découragement. Pasteur exilé, persécuté, je ne pouvais pas, comme

maintenant, veiller à toute heure sur mon trou-
peau, et cependant il me semble que ce trou-
peau était plus fidèle, plus zélé, plus docile à ma
voix qu'il ne l'est aujourd'hui. Serait-ce que la
foi tend à s'éteindre dans la génération nouvelle?
ou ne serait-ce pas plutôt que la vigilance et l'ar-
deur du pasteur se sont ralenties? Terribles questions qui jettent parfois le trouble dans mon âme
et la livrent à une terrible anxiété.

— Bah! mon cher curé, dit en souriant M. Brunet, est-ce que par hasard vous regretteriez ces
temps d'orage et de persécution?

— Le Ciel me préserve de les regretter! car ce
serait tenter Dieu, et peut-être ne m'accorderait-
il pas les grâces nécessaires pour supporter ces
nouvelles épreuves.

— Allons, mon bon curé, vous vous plaisez à
vous tourmenter par des scrupules exagérés, et
si vous n'avez pas de motifs plus sérieux d'afflic-
tion, votre sort ne me paraît pas bien à plaindre.
Et notre cher docteur, est-il au moins aussi heureux qu'il le mérite? se console-t-il de la perte
de sa femme? vit-il en bonne intelligence avec
sa belle-mère? J'avais entendu dire qu'il y avait
entre eux un peu de désaccord; mais ce que m'a
appris sa domestique me fait supposer que la
bonne union est rétablie, puisque Gonthier est
allé faire une visite à Mme de Noironte et lui a conduit sa petite-fille.

— M. Gonthier a eu sa bonne part des afflictions dont nul homme ici-bas n'est exempt; mais il est chrétien, et il a su les supporter en chrétien. Le chagrin le plus cruel qu'il a ressenti a été sans contredit la perte de sa femme, morte presque subitement il y a près de cinq ans. Cet événement a été aussi, il faut le dire, une véritable calamité pour le pays, et si quelque chose eût été capable d'alléger la douleur du mari, c'était la part qu'y prenait toute la contrée.

— Oui, il paraît que notre docteur a bien pris dès le commencement dans le pays, et que l'affection qu'on lui portait n'a pas diminué avec le temps, au contraire.

— Et comment en serait-il autrement? Jamais médecin n'a peut-être poussé aussi loin que lui le zèle et le désintéressement; jamais femme n'a peut-être secondé son mari dans ses bonnes œuvres avec autant de dévouement et d'intelligence que le faisait Mᵐᵉ Gonthier. J'ai été même, dans les premiers temps, obligé de modérer ce désintéressement, qui était poussé à un tel point que leur fortune personnelle courait risque d'être compromise.

— Mais cette fortune ne s'est-elle pas considérablement accrue par la restitution que le gouvernement leur a faite, dans le temps, des biens non vendus révolutionnairement, et provenant de leurs familles, tant du côté paternel que du côté maternel?

— La fortune des époux Gonthier ne s'est ac-

crue que des biens dépendant de la succession de
M. de Noironte ; or ces biens étaient peu consi-
dérables, et encore étaient-ils grevés de quelques
dettes et d'un douaire appartenant à Mme de Noironte. A peine peut-on évaluer le produit de ces
biens à deux mille cinq cents ou trois mille francs
au plus. Quant à ceux provenant de la famille de
Charmoille, et qui étaient beaucoup plus impor-
tants puisqu'ils sont évalués à douze ou quinze
mille francs de rente, c'est Mme de Noironte seule
qui en est entrée en possession.

— Mais puisque Mme de Noironte vivait avec sa
fille et son gendre, ses revenus n'étaient-ils pas
confondus dans la communauté ?

— Nullement : Mme de Noironte a voulu jouir
seule de sa fortune. Toute la grâce qu'elle a faite
à son gendre a été de ne pas exiger son douaire.
Elle aurait toutefois consenti à confondre ses revenus avec les leurs, s'ils avaient voulu quitter
Foncigny, où elle ne se plaisait plus depuis qu'elle
avait recouvré une partie de son ancienne aisance ;
mais M. Gonthier refusa net, et Mme de Noironte
alla s'établir à Nancy, où elle retrouva une partie
de ses anciennes connaissances. Cet incident causa
un refroidissement entre la belle-mère et le gendre,
mais ne diminua en rien l'affection de la jeune
femme pour son mari. Ce fut alors qu'elle redou-
bla de zèle pour seconder le docteur dans les soins
qu'il donnait aux malades du pays. Comme il n'y
avait point de pharmacie ni dans le village ni dans

les environs, le docteur a établi dans sa maison un dispensaire où tous les médicaments sont préparés par ses soins et distibués gratis aux pauvres, et au prix coûtant à ceux qui sont en état de payer. Mme Gonthier, instruite et dirigée par son mari, se mit à la tête de ce dispensaire. Elle préparait les tisanes et quelques médicaments simples; souvent elle les portait elle-même aux pauvres malades avec des paroles de consolation et d'encouragement peut-être plus efficaces que les prescriptions médicales. Aussi était-elle regardée par tout le monde comme la providence du pays; elle était l'objet des bénédictions, du respect et je pourrais dire de la vénération de tous. Sa mort fut considérée comme une calamité publique, et j'ai entendu nombre de pauvres gens s'écrier avec des sanglots : « Qu'allons-nous devenir maintenant que nous avons perdu notre soutien? » D'autres disaient : « C'était une sainte, nous n'étions pas dignes de l'avoir au milieu de nous ; elle était faite pour le ciel, et c'est pour cela que Dieu a voulu la rappeler à lui. »

« Je n'essaierai pas de vous peindre la douleur de notre pauvre ami. Il fut pendant quelque temps comme anéanti par le coup qui l'avait frappé. Vous pensez bien que je ne l'abandonnai pas dans un pareil moment. Je lui fis entendre les seules consolations qui puissent toucher le cœur dans un si grand malheur, je veux dire les consolations que la religion seule peut donner. Il sortit peu à peu du profond accablement où l'avait plongé l'excès de la douleur, ses larmes coulèrent, et il s'écria : « Mon Dieu ! vous me l'avez donnée, vous me l'avez ôtée ; que votre saint nom soit béni ! »

« Sur ces entrefaites, arriva Mme de Noironte, qui avait été prévenue de la maladie de sa fille, mais qui, ne la croyant pas aussi grave, ne s'était pas pressée de partir. On fut obligé de lui envoyer un second exprès ; cette fois elle se mit en route sur-le-champ ; mais, quelque diligence qu'elle fît, elle n'arriva qu'après l'enterrement. Sa douleur fut plus expansive, plus bruyante que celle de son gendre ; du reste, elle se montra convenable avec celui-ci, et la perte commune qu'ils avaient faite effaça toute trace du refroidissement qui existait entre eux depuis que Mme de Noironte avait quitté Foncigny. Au bout de huit jours, Mme de Noironte voulut retourner à Nancy ; elle demanda à son gendre la permission d'emmener avec elle sa petite-fille Louise, alors âgée de sept à huit ans. Le docteur n'osa pas refuser, quoique ce fût pour lui un grand sacrifice que de se séparer de cette enfant, sa seule consolation, et qui lui rappelait, par tant de traits de ressemblance, celle dont il pleurait la perte. D'un côté, un refus eût probablement renouvelé une mésintelligence qui avait duré trop longtemps, et qui pouvait être nuisible aux intérêts de l'enfant ; d'un autre côté, une considération plus sérieuse détermina le docteur à

accepter l'offre de Mme de Noironte. La petite
Louise avait été violemment affectée de la mort
de sa mère; cette douleur persistante et extraordinaire chez une enfant aussi jeune pouvait
compromettre sa santé; le changement d'air, de
pays, le séjour de la ville, les objets nouveaux
qu'elle verrait, pouvaient lui procurer une distraction salutaire. Ce motif, plus que tout autre, décida donc M. Gonthier.

« Lorsque le docteur annonça à Louise qu'elle
accompagnerait sa grand'mère à Nancy, l'enfant
ne parut pas enthousiasmée de faire ce voyage.
« Comment ! lui dit-il, est-ce que tu n'es pas bien
aise d'aller dans une belle et grande ville, où tu
verras une foule de jolies choses dont tu n'as pas
l'idée ? — Oui, répondit la petite, je serais heureuse de faire ce voyage; mais ce qui me chagrine,
c'est d'être séparée de vous. — Ce ne sera pas pour
longtemps, ma petite; d'ailleurs j'irai te voir dans
une quinzaine de jours, et si tu t'ennuies, je te
ramènerai avec moi. »

« Louise partit sur cette assurance. Son père alla
la voir comme il le lui avait promis; mais, sur les
instances de Mme de Noironte, il la laissa encore à
Nancy. D'ailleurs sa fille paraissait s'accoutumer
avec sa grand'mère; elle était moins triste et
mieux portante que quand elle avait quitté Foncigny; elle avait trouvé, dans la maison qu'habitait sa bonne maman, de jeunes camarades de son
âge avec lesquelles elle jouait une partie de la

journée. Son père ne jugea pas à propos de l'arra-
cher à ces distractions qui paraissaient lui plaire,
pour la ramener à la maison paternelle encore rem-
plie de tristesse et de deuil.

« A un second voyage, le docteur trouva sa fille
dans une pension où sa grand'mère l'avait placée.
Il fut d'abord un peu contrarié de n'avoir pas
été consulté sur le choix de la maison d'éducation
où Mme de Noironte avait jugé à propos de mettre
sa petite-fille. C'était un grand pensionnat où l'on
ne recevait que des jeunes personnes de bonne famille, auxquelles on donnait une éducation plus
brillante que solide. La musique, la danse, les
arts d'agrément, la manière de se présenter dans
le monde, tel était le programe que la directrice
de cet établissement avait adopté, et qui lui semblait le *nec plus ultra* d'une bonne éducation.
M. Gonthier était loin d'approuver un pareil sys-
tème, et il eût immédiatement retiré sa fille de
cette maison, si un examen plus attentif de ce qui
s'y passait n'eût modifié sa résolution. Il remar-
qua que la partie du programme dont nous venons
de parler ne s'appliquait qu'aux jeunes personnes
de la division des grandes, c'est-à-dire à celles
qui avaient fait leur première communion, et qui
étaient âgées de douze à quinze et seize ans. Or
Louise n'avait que huit ans ; elle était dans la division des petites, division complétement séparée
de la première. Dans celle-ci, on donnait aux enfants une instruction élémentaire proportionnée à

leur âge. Il s'assura que la sous-maîtresse chargée de cette classe était parfaitement capable de remplir cette tâche. C'était une personne de vingt-cinq ans nommée Mlle Daverne, fort instruite et fort pieuse. Elle avait surtout l'art de se faire aimer de ses élèves, et depuis le peu de temps que Louise était dans sa classe, elle avait su gagner son affection. M. Gonthier jugea donc qu'il serait utile de laisser sa fille dans cette pension pour y acquérir les éléments des connaissances qui lui étaient nécessaires, sauf à la retirer quand il jugerait convenable. Louise ne parut pas contrariée de cette décision, d'autant plus que Mlle Daverne lui plaisait beaucoup, et qu'elle avait retrouvé parmi ses camarades de classe les petites amies qu'elle avait connues en arrivant dans la maison de sa grand'-mère.

« Pendant le temps de son séjour à la pension, Mme de Noironte allait la voir souvent, la faisait sortir les jours de congé, et lui procurait pendant les vacances toutes sortes de distractions. Elle ne s'ennuya pas trop durant la première année. Une vie régulière, un travail soutenu, des progrès marqués, lui firent passer ce temps avec rapidité. De temps en temps son père allait la voir, mais ses visites devenaient de plus en plus rares et courtes. Lorsque Louise s'en plaignait : « Que veux-tu, ma bonne petite, lui répondait-il, les occupations de mon état absorbent tous mes instants, et quand je sens là-bas des êtres qui souffrent et qui m'at-

tendent avec impatience, je suis bien forcé d'a-
bréger des moments que je serais si heureux de
prolonger auprès de toi !

« — Je vous comprends, papa, répondait Louise
en soupirant; ah ! qu'il me tarde d'être assez
grande pour pouvoir vous aider comme le faisait
maman ! »

« Ces idées, à ce qu'il paraît, fermentèrent dès
lors dans l'esprit de cette enfant. Elle se prenait
parfois à soupirer au souvenir de sa mère, du
pays natal, de la maison paternelle, et dès lors
elle commença à ne plus se plaire autant à sa pension. Elle manifesta ces sentiments à son père lors
d'une de ses visites, et le pria de l'emmener avec
lui. Il eut toutes les peines du monde à lui faire
entendre raison ; enfin il lui fit comprendre qu'il
ne restait plus que quelques mois avant l'ouverture des vacances ; que partir plus tôt contrarie-
rait et blesserait sa bonne maman, qui l'aimait
tant ; qu'elle viendrait aux vacances, comme cela
était convenu avec Mme de Noironte, et qu'alors
si elle désirait rester à Foncigny, il ne demande-
rait pas mieux que de la garder auprès de lui.

« La pauvre enfant s'ennuya d'autant plus les
deux derniers mois qu'elle resta à la pension, que
Mlle Daverne, la sous-maîtresse qu'elle aimait tant,
avait quitté le pensionnat pour se marier avec un
percepteur dont la résidence se trouvait au chef-
lieu du canton auquel appartenait Foncigny. « Quel
bonheur ! s'écria Louise en lui faisant ses adieux ;

nous sommes voisines. Qu'il me tarde d'être chez nous pour aller vous voir !

« — Et moi, dit la sous-maîtresse, je serai bien heureuse aussi de vous embrasser. »

« Enfin le moment tant désiré arriva. Le docteur la ramena à la maison, qu'elle avait quittée depuis près de deux ans. Il n'avait pas annoncé à sa belle-mère que Louise ne retournerait pas à Nancy. Il voulait s'assurer auparavant si l'enfant persisterait dans sa résolution, et si, après avoir contracté de nouvelles habitudes, elle ne s'ennuierait pas au village, et ne regretterait pas les amusements et les distractions qu'elle trouvait à la ville. Dans ce cas, il n'aurait pas hésité à la reconduire auprès de sa grand'mère ; seulement, il aurait exigé qu'elle entrât dans une autre pension. Mais il ne tarda pas à s'apercevoir que sa fille était douée d'un caractère moins mobile qu'on ne le rencontre d'ordinaire chez les enfants, et que chez elle une résolution comme celle qu'elle avait prise n'était pas le résultat d'un caprice, ou de cet amour du changement si commun à cet âge, et même à un âge plus avancé.

« Dès le lendemain de son arrivée, elle se leva de grand matin, et commença par visiter la maison du haut en bas comme pour raviver et fixer ses souvenirs. Elle s'arrêta longtemps dans la chambre de sa mère, s'agenouilla sur le prie-Dieu où elle avait l'habitude de lui faire faire sa prière tous les matins ; elle regarda en soupirant le por-

4*

trait en miniature de cette mère chérie placé à
côté de la cheminée, et, montant sur une chaise,
elle baisa respectueusement cette peinture ; puis,
après avoir jeté un coup d'œil sur les meubles
et tous les objets qui garnissaient la chambre,
comme pour les reconnaître et s'assurer que c'é-
taient bien les mêmes, elle descendit au jardin, le
parcourut dans tous les sens, s'assit un instant
sous la tonnelle où elle venait si souvent autrefois
se reposer et goûter le frais avec sa mère ; puis elle
demanda à Marianne Journet, la bonne que vous
avez rencontrée tantôt, de vouloir bien l'accompagner au cimetière, où elle voulait aller prier sur sa
tombe. Ce devoir accompli, elle rentra à la maison.

« C'était l'heure où chaque jour le docteur donnait ses consultations, et distribuait à ses malades
les remèdes dont ils avaient besoin. Il y avait en
ce moment trois femmes, une jeune fille et un
vieux vigneron qui s'était blessé à la main en tail-
lant sa vigne.

« Dès que Louise parut sur le seuil de la porte,
les yeux de ces braves gens se portèrent avec surprise sur cette jeune fille aux lèvres souriantes,
aux joues fraîches et colorées par sa course matinale ; et tandis qu'elle s'avançait en saluant
gracieusement à droite et à gauche, et qu'elle
allait embrasser son père, qu'elle n'avait pas encore vu de la matinée, une exclamation sortit de
toutes les bouches : « Oh ! comme elle ressemble
à défunte Mme Gonthier !

« — Vous trouvez, mes amis, dit le docteur visiblement ému, que cette enfant ressemble à ma pauvre défunte?

« — Oh! s'écria l'une des femmes, c'est tout son portrait en petit.

« — C'est vrai, c'est vrai, appuyèrent tous les autres.

« — Je suis heureuse, dit Louise, de vous entendre dire que je ressemble à maman; mais je ne voudrais pas que cette ressemblance se bornât à une certaine conformité de ma figure avec la sienne; je voudrais qu'elle fût plus complète encore, en lui resemblant non-seulement de visage, mais de cœur et de caractère. C'est à quoi je tâcherai de parvenir en la prenant toujours pour modèle, et en l'imitant autant que possible dans sa conduite, dans ses actions, dans les habitudes de sa vie. Ainsi, par exemple, je me rappelle qu'autrefois j'ai souvent accompagné maman dans cette salle, quand elle venait distribuer aux malades les boissons et les médicaments que papa avait ordonnés; je l'ai même aidée quelquefois : eh bien, ajouta-t-elle en souriant, je veux dès aujourd'hui, quoique je sois encore bien petite, tâcher de la remplacer du mieux que je pourrai, si toutefois papa veut bien me le permettre.

« — Je ne demanderais pas mieux, ma fille, reprit en souriant le docteur; mais, comme tu le dis toi-même, tu es encore bien petite et bien faible; plus tard, je ne dis pas, et si tu persistes dans ces dispositions, je serais tout disposé à te prendre pour mon aide, comme l'était ta pauvre mère.

« — Et pourquoi ne me mettriez-vous pas à l'essai dès aujourd'hui ? Quand j'aidais maman, il y a plus de deux ans, j'étais plus faible et plus jeune que je ne le suis. Il me semble que maintenant je pourrais vous être plus utile que je ne l'étais alors.

« — Allons, puisque tu as si bonne volonté, je veux bien te prendre à l'essai, comme tu dis. Reste donc pendant que je vais faire le pansement à ces braves gens, et nous verrons si tu peux m'aider à quelque chose. »

« Il commença aussitôt par le vieux vigneron. Il enleva avec précaution le premier appareil qu'il avait placé sur sa blessure, et la mit à découvert. Louise suivait avec intérêt cette opération, en éprouvant un sentiment de compassion pour le pauvre blessé. Puis, sur l'ordre de son père, elle apporta un bassin rempli d'eau tiède, et avec elle lava délicatement la plaie pour enlever la charpie et le sang coagulé qui se trouvait sur les bords. Sa main tremblait un peu d'abord, et elle demandait au vieillard : «Vous fais-je mal, mon brave homme?

« — Non, Mademoiselle, répondait-il.

« — C'est bien, ma fille, dit le docteur; seulement, une autre fois, tu tâcheras d'aller un peu plus vite. Maintenant, va me chercher ce rouleau de bandelettes qui es. sur cette table. »

« Le docteur plaça aussitôt son nouvel appareil, et l'assujettit à l'aide des bandelettes que Louise venait de lui apporter, en lui disant : « Examine bien de quelle manière je m'y prends ; car ceci est une opération qui te regardera spécialement, si tu deviens mon aide, comme tu parais le désirer. »

« Il passa aux autres malades. Une femme avait un panaris qui lui causait une vive douleur. « Il y a longtemps, lui dit le docteur, que vous devez souffrir de ce mal ; pourquoi n'êtes-vous pas venue me voir plus tôt?

— Mon Dieu, Monsieur, je croyais que ce ne serait rien et que ça se guérirait tout seul. Je ne voulais pas vous déranger pour si peu.

« — Vous avez eu tort, ma brave femme ; si vous m'aviez consulté dès le commencement, vous vous seriez épargné bien des heures de souffrance. »

« Louise, en apercevant le pouce de cette femme, s'écria :

« — Ah! mais c'est affreux, ce mal! Combien vous devez souffrir, ma pauvre femme! Mon Dieu, papa, pourrez-vous la guérir? »

Le docteur fit signe à sa fille de se taire; puis il dit d'un ton grave : « Ce n'est pas moi qui ai le pouvoir de guérir; j'emploie pour combattre le mal les moyens que la science et l'expérience m'indiquent : c'est Dieu qui opère la guérison. Mais c'est en quelque sorte tenter Dieu que d'at-

tendre trop longtemps à recourir à ces moyens;
aussi, ma pauvre Nicole, ajouta-t-il en s'adress-
sant à la femme au panaris, vous serez condamnée
à rester au moins huit jours sans pouvoir vous
servir de votre main, tandis que si vous étiez
venue me consulter au début, vous seriez déjà
guérie. »

« Tout en parlant ainsi, le docteur avait préparé
un cataplasme émollient, propre à calmer la douleur et à diminuer l'inflammation, et il l'appliqua
aussitôt sur le doigt malade.

« Les deux autres femmes n'avaient que des
bobos sans gravité. La jeune fille était venue chercher une potion pour sa mère, que le docteur avait
visitée la veille, et qu'il devait aller voir dans le
courant de la journée.

« Lorsqu'il eut congédié ses malades, le docteur dit à Louise : « Eh bien, mon enfant, te sens-
tu toujours disposée à me servir d'aide?

« — Certainement, papa; seulement, j'avoue
que j'ai été un peu émue à la vue de la vilaine
blessure de cet homme, mais surtout de l'horrible
mal de cette pauvre femme; je n'ai pu m'empêcher de manifester mon émotion; mais j'ai compris que j'avais tort, puisque vous m'avez fait signe
de garder le silence. Une autre fois je m'obser-
verai mieux.

« — Tu feras bien, mon enfant; il ne faut jamais manifester devant les malades l'impression
pénible ou la crainte que nous cause leur état,

tout en les plaignant et en compatissant d'une
manière sympathique à leurs souffrances. Il faut
se garder de cette émotion, de ce trouble qu'oc-
casionne souvent à certaines personnes la vue des
blessures, du sang qui coule ou des lésions graves
produites n'importe par quelle cause. J'ai vu dans
cette circonstance des femmes et même des hommes
pousser des cris d'effroi, pleurer, se trouver mal,
se cacher la figure ou s'enfuir. Ces personnes-là
sont incapables de secourir leurs semblables, et
pourtant c'est là le but auquel doivent tendre
tous nos efforts, sans que l'âge, le sexe ni la délicatesse de la santé doivent servir de prétextes
pour nous en dispenser. C'est le devoir que la charité impose à toutes les créatures humaines, et
dont Dieu demande compte plus particulièrement
sans doute à ceux à qui il a donné plus de facilité
de le remplir. »

« A partir de ce moment, on peut dire que la
petite Louise, pénétrée de ce principe de charité
et des grandes leçons que lui donnait son père,
s'est efforcée de le seconder de son mieux, et
qu'elle y est parvenue à un point qu'on n'aurait
jamais soupçonné dans une enfant aussi jeune. Aujourd'hui on peut dire que sous ce rapport elle est
arrivée à égaler sa mère, sinon à la surpasser.
Adroite autant qu'agile, jouissant de tout l'avan-
tage que donne la présence d'esprit, elle rassure
tout le monde autour d'elle, et saisit sans hésiter
les plus sûrs moyens de soulagement. Lorsqu'il

s'agit d'accidents qui n'ont aucune gravité sérieuse, tels qu'une chute, une contusion, une
blessure légère, une brûlure, elle sait employer
à propos, et sans se troubler, ce qui est le plus
convenable pour arrêter le sang ou calmer la
douleur. Bientôt la réputation de charité et d'intelligence de la *fille du docteur* s'est étendue dans
tout le voisinage, et les habitants du pays, maintenant, ont presque autant de confiance en elle
qu'en son père. Plus d'une fois il est arrivé qu'en
l'absence de celui-ci elle avait prévu et préparé
tout ce qui était nécessaire pour une opération
délicate : en sorte que, lorsqu'il arrivait, il trouvait déjà une partie de la besogne faite, et surtout, ce qui était l'essentiel, le malade consolé et
rassuré par l'aimable petite fille. Aussi n'ai-je pas
besoin de vous dire à quel point elle est chérie de
son père. C'est sa joie, sa consolation, et chaque
jour il remercie Dieu de lui avoir donné une fille
si accomplie.

— Je le comprends sans peine, dit M. Brunet;
je comprends aussi pourquoi il ne l'a pas renvoyée
auprès de sa grand'mère : mais comment celle-ci
a-t-elle pris la chose?

— Oh! il a été d'abord assez difficile de lui faire
entendre raison; elle prétendait que ce serait empêcher cette enfant de recevoir une instruction et
une éducation convenables; mais elle a fini par se
calmer. De temps en temps son père lui conduit
Louise, et il paraît qu'elle les accueille gracieuse-

ment et que la bonne harmonie est tout à fait
rétablie entre eux.

— Tant mieux; mais permettez-moi, mon cher
curé, de vous faire observer qu'ici, à ce qu'il me
semble, Mme de Noironte n'avait pas tout à fait
tort. Car, entre nous soit dit, si le docteur Gonthier avait eu un fils, je comprendrais qu'il eût
voulu lui inspirer le goût de son état et l'initier
dans l'art de guérir; mais il n'a qu'une fille :
prétend-il en faire un docteur ou une *doctoresse?*
passez-moi l'expression. Il me semble qu'il eût
été plus rationnel, comme le disait la grand'-
mère, de la laisser dans un bon pensionnat recevoir une éducation plus convenable à son sexe et
à sa condition.

— Votre observation, mon cher Brunet, serait
parfaitement juste, si elle ne reposait sur une
erreur à laquelle, j'en conviens, j'ai moi-même
donné lieu. Entraîné à vous parler des dispositions que Louise a montrées tout d'abord pour
seconder son père dans le soulagement des malades, ainsi que le faisait sa mère, je vous ai
raconté les progrès qu'elle avait faits jusqu'à ce
jour dans cette pratique d'une des œuvres les
plus éminentes de la charité chrétienne; pour
ne pas interrompre mon récit, j'ai négligé de
vous parler des autres progrès non moins remarquables qu'elle a faits dans toutes les branches
des connaissances qui conviennent plus spécialement aux personnes de son sexe, au point que

je doute que, dans un grand pensionnat de la
ville, elle eût pu acquérir une instruction et une
éducation aussi complètes... »

Ici le curé fut interrompu par un violent coup
de sonnette à la porte du presbytère.

« Eh! mon Dieu, qui sonne ainsi? s'écria-t-il
avec inquiétude; viendrait-on me chercher pour
un malade en danger? »

Il se fit un instant de silence, tandis que la gouvernante se hâtait d'aller ouvrir la porte. Aussitôt
des pas rapides et une voix bien connue se firent
entendre dans le corridor qui conduisait à la salle
à manger, où se trouvaient le curé et le négociant
bâlois.

« Je vous l'avais bien dit, s'écria le curé en se
levant pour aller à la rencontre du nouveau venu;
c'est notre cher docteur qui nous arrive.

—C'est vrai, je reconnais sa voix, » dit M. Brunet en imitant le curé.

Au même instant la porte s'ouvrit, et M. Gonthier se précipita dans les bras de Brunet, en
s'écriant : « J'en étais bien sûr que c'était ce cher
ami! »

CHAPITRE V

Après les premiers épanchements de l'amitié, le docteur prit place à la table à côté des convives, et accepta sans façon de prendre part au souper; car en apprenant l'arrivée d'un étranger qui s'était dit son ami et celui du curé, il n'avait pas douté un instant que ce ne fût M. Brunet, et sans prendre le temps de manger un morceau chez lui, il était immédiatement accouru au presbytère.

Ces explications préliminaires terminées, la conversation s'engagea sur un sujet plus important.

« Eh bien, docteur, lui dit le curé, avez-vous réussi dans vos projets?

— Parfaitement, mon cher curé, je pourrais même dire au delà de mes désirs, car j'ai ramené avec nous ma belle-mère, sa femme de chambre, une dame de ses amies, et, un peu plus, je ramenais aussi M. Billot le percepteur et sa femme;

mais nous les aurons à dîner demain avec vous,
mon bon curé, et ce cher Brunet, sur lequel je ne
comptais guère. Il y aura sans doute aussi quelques autres personnes que j'ai invitées; car
Mme Billot tient à donner en quelque sorte la
contre-partie ou, pour mieux dire, une répétition
plus complète de la séance de Nancy.

— Très-bien, docteur; mais ce que vous dites
là est une énigme pour notre ami M. Brunet; permettez-moi de lui en donner l'explication; elle
arrivera justement comme une réponse à l'observation qu'il m'adressait tout à l'heure au sujet
de l'éducation que vous aviez donnée à votre petite Louise. Car auparavant je dois vous dire
que depuis l'arrivée de M. Brunet ici jusqu'au
moment où vous êtes entré, vous et votre chère
enfant avez été le sujet de notre conversation.
Comme je lui disais le désir que la petite Louise
avait manifesté de quitter le pensionnat où sa
grand'mère l'avait placée à Nancy, et de rester
auprès de vous afin de se livrer au soulagement
des pauvres malades; que vous aviez consenti à
ce désir et que dès lors vous aviez donné à votre
fille, qui du reste en avait admirablement profité,
tous les conseils et les instructions nécessaires
pour remplir convenablement ces fonctions chari-
tables, il m'a demandé ce qu'avait pensé Mme de
Noironte d'une telle résolution. J'ai répondu
qu'elle avait d'abord été fort mécontente, parce
qu'elle prétendait que cela nuirait à l'éducation

de l'enfant; mais que vous aviez fini par réussir à la calmer et par lui faire entendre raison; seulement, je ne lui ai pas expliqué comment vous aviez obtenu ce résultat, qui d'ailleurs ne pouvait être complet qu'après la dernière épreuve que vous venez de passer à Nancy, épreuve dont j'ignorais le succès, ce qui aurait rendu mon explication insuffisante. Maintenant c'est à vous, docteur, à nous faire connaître comment les choses se sont passées, et à donner à notre ami le mot de l'énigme que nous semblons lui proposer depuis quelques instants.

— Bien volontiers. Lorsque ma belle-mère me manifesta la crainte dont vient de vous parler M. le curé, je lui répondis que moi aussi je tenais au moins autant qu'elle à ce que ma fille reçût une bonne éducation, et j'ajoutai que j'espérais bien la lui donner ou la lui faire donner à Foncigny, aussi complète que celle qu'elle pourrait recevoir dans le meilleur pensionnat de Nancy. Mme de Noironte prit sans doute ce propos pour une *gasconnade;* car en raison de mon origine méridionale, — vous savez que je suis Languedocien, — elle me traitait quelquefois de Gascon, en plaisantant ou en croyant me taquiner. Un léger haussement d'épaule fut toute sa réponse. Un peu piqué de son air d'incrédulité, je lui dis en prenant un ton plus grave et plus ferme : « Madame, j'ai l'honneur de vous parler sérieusement, et je vous prie de ne point considérer mes paroles

comme empreintes d'une légèreté et d'une in-
conséquence qui ne sont ni dans mes habitudes,
ni dans mon caractère.

« — Mon Dieu, Monsieur, me répondit-elle, ne
vous fâchez pas; c'est dans l'intérêt de l'enfant
que j'ai fait une observation qui me paraît juste.
Je ne doute pas de votre affection pour elle, pas
plus que je ne doute de votre capacité comme
médecin; mais j'avoue que je n'ai pas la même confiance dans votre aptitude à diriger l'éducation
d'une jeune fille, et je crois que ce rôle me con-
viendrait mieux qu'à vous; mais vous êtes son
père, et votre droit l'emporte sur le mien.

« — Madame, répliquai-je, c'est parce que j'y
ai réfléchi avec toute la sollicitude d'un père dévoué aux intérêts de son enfant, c'est parce que
j'ai pris toutes mes mesures pour assurer le succès
de mon entreprise, que j'ai la conviction, je vous
l'affirme de nouveau, de pouvoir élever ma fille
au moins aussi bien, mieux même, je l'espère, que
dans un pensionnat.

« — Je crois que vous vous avancez beaucoup,
dit-elle d'un ton plus radouci, mais toujours in-
crédule.

« — Attendez au moins, pour juger mon projet, repris-je vivement, que j'aie commencé à le
mettre à exécution. Vous savez quel était l'état
d'instruction de Louise au moment où elle a quitté
sa pension : eh bien, dans un an, à l'époque des
vacances, je la conduirai auprès de vous; vous

l'examinerez, et si vous ne reconnaissez pas vous-
même qu'elle a fait des progrès sensibles, des progrès plus marqués qu'aucune de ses anciennes
compagnes restées dans la pension, je consentirai
alors à vous la laisser, et vous vous chargerez de
diriger son éducation comme vous l'entendrez. »

« Elle parut d'abord trouver cette proposition
impraticable; ce serait, disait-elle, si je ne réus-
sissais 'pas, faire perdre à Louise un temps pré-
cieux qui pourrait compromettre ses études;
puis comment serait-il possible de comparer l'état
de son instruction avec celui des autres jeunes
filles de son âge qui auraient suivi les cours du
pensionnat? Puis venaient une foule d'autres objections dont je vous fais grâce. Je répondis à
toutes, et, après une longue discussion, nous
finîmes par tomber d'accord, sur les bases mêmes
de la proposition que j'avais faite. Nous nous sépa-
râmes, sans être trop mécontents l'un de l'autre,
mais en gardant nos convictions respectives,
comme cela arrive ordinairement après toutes les
discussions.

« Ce n'était pas inconsidérément que j'avais dit
à Mme de Noironte que j'avais pris toutes mes mesures pour assurer à ma fille une bonne éducation.

« Le jour où Louise m'avait manifesté le désir
de rester auprès de moi, je lui avais répondu :
« Je ne demanderais pas mieux que de te garder;
mais, mes occupations ne me permettant pas de

te donner régulièrement les leçons dont tu as besoin, il vaut mieux, mon enfant, retourner encore
à ta pension jusqu'à ce que ton éducation soit terminée.

« — Mais, papa, reprit-elle, s'il y avait moyen
de recevoir ici toutes les leçons qu'on pourrait
me donner à la pension, consentiriez-vous à me
garder?

« — Certainement, et je n'hésiterais pas ; mais
c'est là une supposition purement gratuite et qui
ne peut se réaliser.

« — Eh bien! papa, c'est ce qui vous trompe,
et si vous le désirez, rien n'est plus facile que de
faire de ma supposition une réalité.

« — Comment cela, mon enfant? je suis très-
curieux de le savoir.

« — Vous souvenez-vous, reprit-elle, de
Mlle Davesne, la sous-maîtresse de la pension,
qui m'a donné ses soins pendant près de deux
ans?

« — Parfaitement, j'ai eu plus d'une fois occasion de m'entretenir avec elle ; je l'ai trouvée
fort instruite et au-dessus de ses modestes fonctions. Elle a quitté la pension pour épouser
M. Billot, notre percepteur... Tiens! cela me fait
souvenir, m'écriai-je, que je leur dois une visite ; ils sont venus me voir il y a trois semaines,
et je n'ai pas encore eu le temps de leur rendre
cette politesse.

« — En ce cas, je vous demande la permis-

sion de vous accompagner quand vous irez voir
Mme Billot.

« — Bien volontiers; mais où veux-tu en
venir?

« — A ceci, mon papa : lorsque Mlle Davesne
était sur le point de quitter le pensionnat pour
devenir Mme Billot, nous eûmes ensemble un long
entretien, — car elle me témoignait beaucoup
d'affection, et moi je lui suis aussi très-attachée;
— elle me dit, en me voyant pleurer, que nous
nous reverrions, que nous allions devenir voisines
de campagne, et que nous pourrions passer quelquefois des journées ensemble, tantôt chez elle,
tantôt chez nous. Eh bien! je suis persuadée,
mon papa, que si vous vouliez demander à cette
bonne demoiselle Davesne, non, je veux dire à
Mme Billot, de me continuer de temps en temps les
leçons qu'elle me donnait autrefois, elle ne de-
manderait pas mieux.

« — Ah! ma pauvre enfant, répondis-je en
souriant, si c'est là l'unique base de ta supposition de tout à l'heure, je crains bien qu'elle
ne repose sur des fondements fort peu solides.
Mme Billot t'a parlé de simples visites, de bons
rapports de voisinage; mais comment peux-tu en
conclure qu'elle serait disposée à prendre auprès
de toi le rôle d'institutrice? D'ailleurs son mari
y consentirait-il? c'est encore une question qu'il
faudrait résoudre, et je doute qu'elle le fût dans
le sens que tu désires. D'un autre côté, une pa-

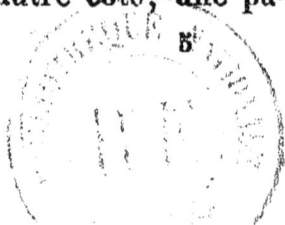

reille demande est chose fort délicate. Serait-ce
comme service gratuit ou comme service salarié?
Dans le premier cas, il faudrait être plus lié que
je ne le suis avec la famille Billot pour oser lui
demander un pareil service à titre d'ami; dans le
second cas, je craindrais un refus de la part du
mari, qui peut-être ne croirait pas de sa dignité de
fonctionnaire public que sa femme allât donner à
prix d'argent des leçons, soit chez elle, soit hors
de chez elle, comme une institutrice qui exerce
son métier et qui court le cachet. D'après cela,
mon enfant, je te déclare que je ne me charge nullement de faire une demande de cette nature à
M. ou à Mme Billot.

« — Eh bien! papa, je m'en charge, moi, me
dit Louise avec une grande assurance, et en se
hâtant d'ajouter : Avec votre permission, bien
entendu.

« — Je te l'accorde volontiers, mais à condition
que mon nom ne sera pas prononcé, et que la proposition paraîtra venir de toi seule.

« — Oh! soyez tranquille; je saurai arranger
les choses pour le mieux en causant tête à tête
avec Mlle Dav..., Mme Billot, je veux dire; puis,
quand tout sera d'accord, je vous préviendrai,
et vous ferez la demande sans crainte de refus. »

« Certes l'idée d'avoir Mme Billot pour institutrice de ma fille me souriait beaucoup; mais les
objections que j'avais faites à Louise, et d'autres

encore se présentaient à mon esprit pour me démontrer que cette idée était irréalisable. L'assurance de ma fille ne détruisait en rien les obstacles que j'apercevais : c'était de la présomption enfantine que je n'avais pas voulu contrarier, en lui accordant la permission qu'elle demandait, persuadé que son illusion ne tarderait pas à être détruite.

« C'est sous l'empire de ces préoccupations que nous partîmes une après-midi, Louise et moi, pour aller au chef-lieu de canton faire notre visite au percepteur et à sa femme. Je fus accueilli avec une politesse on ne peut plus gracieuse par les deux époux. Quant à Louise, elle fut reçue par Mme Billot comme si c'eût été sa propre fille. Tandis que je causais avec son mari, elle emmena l'enfant dans le jardin, la fit jouer avec elle, la fit collationner; et quand vint le moment de repartir, on me demanda en grâce la permission de garder Louise jusqu'au surlendemain. Ce jour-là, M. Billot devait venir à Foncigny pour des affaires de perception, et il la ramènerait avec lui.

« — Cela te ferait-il plaisir de rester? dis-je à Louise.

« — Oh! oui, papa! » me répondit-elle en me regardant d'un petit air qui voulait dire : Vous savez bien pourquoi. Je consentis sans hésiter, comme vous le pensez bien; j'y mis seulement pour condition que Mme Billot serait du voyage, et que

les deux époux descendraient chez moi et y pas-
seraient la journée.

« La condition fut acceptée, et le surlendemain, lorsque M. et Mme Billot me ramenè-
rent Louise, celle-ci, me sautant au cou, me
dit tout bas en m'embrassant : « Papa, tout est
arrangé; Mme Billot est très-contente de me
donner des leçons, et son mari y consent avec
plaisir. »

« Ce fut Mme Billot qui me parla la première
de la proposition que lui avait faite Louise, et
qui me dit qu'elle serait enchantée de lui continuer ses leçons; qu'elle avait rencontré peu
d'enfants doués d'aussi heureuses dispositions, et
que ce serait bien dommage de ne pas leur donner tout le développement dont elles étaient
susceptibles. Je la remerciai chaleureusement de
sa bienveillance pour Louise; je lui dis que je
n'aurais pas osé lui faire une pareille proposition, qui m'eût paru par trop indiscrète, surtout
en pensant aux difficultés de son exécution à
cause de l'éloignement, qui ne permettrait pas
toujours à Louise de se rendre régulièrement auprès d'elle.

« — Monsieur le docteur, me dit alors M. Billot, moi j'ai de mon côté une proposition à
vous faire, qui, si vous l'acceptez, fera dispa-
raitre l'obstacle dont vous parlez et facilitera
les relations de l'institutrice et de son élève. Foucigny est un point beaucoup plus central que

le chef-lieu de canton pour le ressort de ma
perception, de sorte que l'autorité supérieure
avait résolu d'y établir la résidence du percepteur, et ce n'est que par une faveur spéciale, et pour des convenances particulières, que
j'ai obtenu de continuer à résider au chef-lieu;
seulement on m'a imposé pour condition d'a-
voir à Foncigny un bureau ouvert où je me
rendrais trois fois par semaine, et où je .rece-
vrais, à des heures fixes, les contribuables de
la localité et des environs. L'embarras pour moi
était de trouver un local convenable pour établir
ce bureau. Il y a environ trois semaines, je suis
venu avec ma femme vous faire une visite, et
j'avais l'intention de vous prier de me tirer d'embarras en me louant une petite chambre, un cabinet, n'importe quoi enfin, au rez-de-chaussée
de votre maison; mais vous étiez absent, et il me
fallut remettre ma demande à une autre occasion. Cette occasion m'a paru se présenter naturellement quand ma femme m'a parlé du désir
qu'elle avait de donner des leçons à votre charmante petite fille. Je me suis dit aussitôt : Mais
cela peut s'arranger facilement; que M. le docteur me loue un petit coin de sa maison pour
tenir mon bureau; chaque fois que j'y viendrai,
j'amènerai ma femme avec moi, et tandis que
je recevrai les contribuables, elle aura tout le
temps nécessaire pour faire la classe à son
élève; puis, ma besogne terminée, nous repar-

tirons pour notre domicile. Eh bien? Monsieur, que dites-vous de ma proposition? Vous convient-elle? »

« Je n'ai pas besoin de vous dire, mon cher Brunet, quelle fut ma réponse. En quelques minutes tout fut convenu et arrêté. Dès la semaine suivante, une petite chambre du rez-de-chaussée de ma maison fut disposée pour le bureau. Le percepteur vint s'y installer, et sa femme commença ses fonctions d'institutrice auprès de Louise. C'est après avoir terminé ces arrangements que j'allai à Nancy annoncer à ma belle-mère que Louise ne retournerait pas dans sa pension, et que j'eus avec M^mo de Noironte la conversation que je vous ai rapportée en commençant.

« Au bout d'un an, je conduisis Louise à sa grand'mère, ainsi que je m'y étais engagé. Elle ne put s'empêcher de reconnaître qu'elle avait fait des progrès remarquables, et qu'elle était plus avancée que ses anciennes compagnes de la pension appartenant à la même classe et à la même division qu'elle. « Seulement, me dit-elle, vous êtes heureux d'avoir rencontré pour institutrice une ancienne sous-maîtresse de pensionnat, et qui était excellente pour diriger une petite classe; mais je doute que Mme Billot possède les connaissances nécessaires pour un enseignement plus relevé, et puisse par conséquent achever l'éducation de Louise. Alors

vous serez bien forcé de remettre votre fille en
pension.

« — C'est ce que nous verrons l'an prochain,
répondis-je; cette année nous allons songer à
lui faire faire sa première communion : la préparation à cet acte important sera sa princi-
pale occupation. Cependant nous tâcherons que
les autres études n'en souffrent pas trop, de
manière que lorsque je vous la ramènerai aux
vacances prochaines, vous ne trouviez pas de
ralentissement dans ses progrès. »

« En effet, cette année Louise fit sa première communion. Mme Billot contribua sans
doute à son instruction religieuse; mais elle
trouva un puissant auxiliaire dans notre excellent curé, à qui je ne saurais trop répéter
combien je suis reconnaissant des soins pater-
nels qu'il a donnés à ma fille dans cette circonstance...

— Voulez-vous bien ne pas parler ainsi, monsieur le docteur, interrompit le curé, ou vous
me fâcherez! Est-ce que je vous parle, moi, de
la reconnaissance que je vous dois pour tant de
services que vous m'avez rendus? Est-ce que
ces choses-là se comptent entre amis? D'ailleurs, à l'égard de Louise, je n'ai fait que remplir mon devoir comme je le fais envers les enfants de tous mes paroissiens en pareille circonstance. Seulement j'ai trouvé en elle une terre
bien préparée, où la semence de la parole divine

germait avec une étonnante facilité, et j'étais heureux de seconder de tous mes efforts ces excellentes dispositions.

— Allons, puisque cela blesse votre modestie, n'en parlons plus. Seulement vous me permettrez bien de dire que lorsque cette année-là j'ai conduit Louise à Nancy, elle a dépassé toutes ses anciennes compagnes, non-seulement en intruction religieuse, mais encore dans les autres parties de ses études, et cela au dire de la maîtresse de pension elle-même, qui en était émerveillée.

« A ce sujet, je dois vous faire observer que Mme de Noironte avait toujours conservé de bonnes relations avec cette maîtresse de pension, à qui elle faisait espérer que Louise rentrerait tôt ou tard dans sa maison. Il résultait de là que cette dame considérait en quelque sorte ma fille comme appartenant toujours à son établissement. Ce qui la confirmait dans ces idées, c'est que Mme Billot, son ancienne sous-maîtresse, restée également en fort bons termes avec elle, la consultait chaque année sur le programme de l'enseignement donné dans sa maison, afin, disait-elle, de le faire suivre à Louise.

« Il est bien entendu que Mme Billot me soumettait ce programme, et nous y faisions les additions et les changements que nous jugions convenables. Je dis nous; car, quoique je ne fusse pas resté jusque-là étranger à l'éduca-

LA FILLE DU DOCTEUR 105

tion de ma fille, à partir de sa première communion, je m'en suis occupé d'une manière plus
spéciale. Je me suis plus particulièrement chargé
de l'enseignement de l'histoire, de la géographie,
de l'arithmétique raisonnée, et même des éléments de géométrie; à quoi j'ai joint un peu de
physique élémentaire et un cours de botanique
appliqué surtout à la flore de nos montagnes, et
à l'étude des nombreuses plantes vulnéraires
qu'elles produisent.

— Mais, mon cher ami, observa M. Brunet,
ne craignez-vous pas de fatiguer la tête de votre
enfant en la remplissant simultanément de cette
masse de connaissances diverses, qui chacune,
pour être étudiée d'une manière approfondie, de-
manderait à elle seule une tête fortement orga-
nisée et toute la maturité de l'âge.

— Notre cher curé, répondit le docteur, lorsque je lui fis part de mes projets d'enseignement
pour ma fille, en fut effrayé, et me fit la même
objection que vous venez de me faire. Depuis il
m'a vu à l'œuvre, il a été témoin plusieurs fois de
ma méthode, il a pu en juger les résultats, je le
charge de vous répondre.

— C'est vrai, dit le curé, pour répondre à l'in-
terpellation du docteur, j'ai été effrayé, comme il
le dit, quand il m'a parlé de tout ce qu'il se proposait d'enseigner à sa fille, sans compter qu'il
faut y ajouter la continuation de l'enseignement
religieux ou du *catéchisme de persévérance,* dont

5*

je suis chargé. Mais quand j'ai vu la manière dont
il s'y prenait, j'ai reconnu bientôt qu'il pouvait sans danger donner à sa fille des notions
assez étendues des diverses branches des connaissances humaines, et que cette enfant pouvait en
retirer un véritable profit. D'abord sa méthode
ne ressemble en rien à celle de la plupart des pro-
fesseurs et des institutrices. Il n'a pas l'air de
faire une leçon; c'est une simple causerie, un entretien familier d'un père avec son enfant sur le
sujet qu'il se propose de lui enseigner. L'enfant
écoute avec attention, sa curiosité est sans cesse
provoquée; il adresse des questions, le père y
répond, et, au bout d'une demi-heure, le papa
résume l'entretien, que l'enfant tâche de reproduire de son mieux dans une analyse succincte.
Voilà pour ce qui concerne l'histoire et les études
sérieuses. Quant à la botanique, on peut dire que
le docteur l'a enseignée à sa fille comme une ré-
création, pendant leurs promenades dans la vallée et sur la montagne, ce qui n'empêche pas que
Mlle Louise ne possède un herbier magnifique,
dont plus d'un savant naturaliste serait fier. De
plus elle a un album dans lequel elle dessine
et peint à l'aquarelle les fleurs et les plantes
qu'elle ne peut pas conserver dans son herbier;
car son père a oublié de vous dire qu'elle est aussi
très-forte dans l'art du dessin, ainsi qu'en musique...

— Ah! pardon, mon brave curé, interrompit

en riant le docteur, permettez-moi de vous arrêter dans la nomenclature des talents que possède
ma fille, et surtout dans l'éloge que vous en
faites. Elle dessine, il est vrai, assez bien les
fleurs, les fruits, les arbres, le paysage; mais elle
n'entend rien à la figure. Quant à la musique, elle
en sait tout juste assez pour déchiffrer un air,
encore s'il n'est pas trop difficile, et pour s'accompagner un peu quand elle chante; du reste, elle
est incapable de jouer un grand morceau, même
le moindre air varié. Aussi, c'est là où elle s'es:
montrée faible, où elle est restée bien en arrière
de ses anciennes compagnes; et c'est aussi ce qui
m'attire les seuls reproches que m'adresse ma
belle-mère, pour avoir négligé cette partie qu'elle
regarde comme une des plus essentielles de l'éducation.

— Enfin, mon cher docteur, cela ne l'a pas in-
disposée au point de ne pas consentir à revenir
passer quelque temps à Foncigny, ce qui annonce
un oubli complet du passé.

— Cela est vrai; mais il a fallu que le triomphe
de Louise fût bien complet sur tout le reste pour
la décider.

— Parlez-nous donc enfin de ce triomphe et
comment s'est passé ce fameux concours.

— Permettez-moi auparavant d'expliquer en
deux mots à l'ami Brunet ce qui a motivé ce
concours. Depuis la première communion de
Louise, je l'avais conduite à Nancy plus sou-

vent qu'auparavant, parce que des affaires particulières m'avaient appelé dans cette ville, et que je ne pouvais me dispenser de l'emmener avec moi, sans quoi je me serais complétement brouillé avec ma belle-mère. Chaque fois Mme de Noironte menait Louise voir son ancienne maîtresse de pension, qui lui faisait l'accueil le plus gracieux, en lui répétant que sa place était toujours marquée chez elle. Cette bonne dame paraissait émerveillée de ses succès ; elle ne cessait de parler de ma fille comme d'un prodige ; elle en était fière comme si son instruction eût été son ouvrage ; je crois même qu'elle avait fini par se le persuader. Elle la donnait en exemple à ses autres élèves pour exciter leur émulation ; elle la présentait aux étrangers comme un spécimen de l'éducation que l'on recevait dans sa maison. Enfin elle proposa à Mme Billot de faire concourir Louise à la fin de l'année avec les plus fortes élèves du pensionnat, et de la faire paraître dans un examen public qui devait précéder la distribution des prix.

« J'étais fort peu partisan de ces espèces de parades où les jeunes personnes vont en grande toilette faire étalage de leur savoir devant un public plus ou moins bienveillant. Cela me paraît peu conforme aux règles de la modestie, qui doit être la première vertu des jeunes filles. Aussi n'aurais-je pas accepté la proposition de la maîtresse de pension, si je n'avais craint de mécontenter ma belle-mère et d'opérer entre nous une rupture irréparable. C'est ce qu'elle déclara à Mme Billot, en lui disant que si je refusais d'acquiescer à son désir, que tout serait à jamais fini entre nous ; tandis que si je lui montrais un peu de condescendance, et si Louise réussissait dans cette épreuve, comme on le lui faisait espérer, elle me rendrait toute l'affection qu'elle me portait autrefois, et que j'avais perdue en grande partie depuis que je lui avais retiré ma fille.

« Je donnai donc mon consentement. On demanda que Louise allât passer quinze jours à Nancy avant l'examen, pour faire les compositions écrites avec les autres élèves. Elle partit avec Mme Billot, et moi je promis d'aller la chercher, et d'assister au fameux concours et examen publics.

« J'avoue que, malgré mes idées sur ces sortes d'exhibitions, je n'ai pu me défendre de ressentir une grande satisfaction en entendant la manière dont elle répondit aux questions qui lui furent adressées sur toutes les matières du programme, et même en dehors du programme. Chacun remarquait que toutes ses compagnes faisaient des réponses apprises par cœur aux questions uniformes d'une espèce de formulaire ; que souvent elles ne comprenaient ni questions ni réponses, et que, pour peu que la question fût posée en d'autres termes, elles étaient incapables d'y répondre. C'était, en un mot, un travail de perroquet, un pur exercice de mémoire, où l'intelligence entrait pour bien peu de chose.

« Louise, au contraire, écoutait attentivement les questions qu'on lui adressait; après un instant de réflexion, elle y répondait lentement, posément. On voyait facilement que la mémoire n'était chez elle que l'auxiliaire du jugement. Souvent une objection lui était présentée; elle la réfutait avec calme, et alors il s'engageait une petite discussion dans laquelle elle montrait autant de jugement que de sagacité. Un murmure flatteur s'élevait alors dans l'assemblée, et les applaudissements qui partaient de toutes parts faisaient tressaillir de joie mon cœur paternel.

« Bref, le triomphe de Louise fut complet. J'étais heureux, je vous l'avoue, d'un tel succès; mais je ne saurais décrire la joie et le bonheur de Mme de Noironte. Après la cérémonie, elle pressa Louise sur son cœur en répandant des larmes d'attendrissement; elle me serra les mains avec une cordialité affectueuse qu'elle ne m'avait jamais témoignée, en me disant : « Mon fils (c'était la première fois qu'elle me donnait ce nom), vous m'avez rendue aujourd'hui bien heureuse, et vous avez effacé les impressions fâcheuses qu'avaient laissées en moi des faits qu'il est inutile de rappeler. »

« Elle déclara ensuite que, pour sceller notre réconciliation, elle consentait à répondre à l'invitation que je lui avais faite plusieurs fois de venir passer les vacances à Foncigny, et qu'elle n'avait jamais voulu accepter jusque-là. Je lui témoignai la vive satisfaction que me causait sa détermination, et je lui proposai de la mettre à exécution sur-le-champ en partant avec nous. Elle fit d'abord quelque difficulté de partir aussi promptement, parce qu'elle avait en ce moment chez elle Mme de Frasnois, une de ses anciennes amies, qui était venue passer quelques jours auprès d'elle. « Eh bien, dis-je, invitez Mme de Frasnois à vous accompagner; c'est une amie de la famille, elle témoigne à Louise beaucoup d'affection : nous serons enchantés de l'avoir avec vous à Foncigny. » Mme de Frasnois, après quelques cérémonies, finit par accepter; nous sommes partis ce matin, et nous sommes arrivés il y a une heure à peine.

— Je ne serai pas fâché, mon cher docteur, de renouveler connaissance avec Mme de Noironte; mais il est une autre connaissance que je désire faire par-dessus tout : c'est celle de votre chère petite Louise, que je n'ai jamais vue, et qui, d'après tout ce que j'en ai entendu dire, doit être une jeune fille accomplie.

— Bah! vous en rabattrez peut-être beaucoup quand vous la connaîtrez; car vous n'avez guère entendu parler d'elle que par notre bon curé et par moi, et je vous avoue que je ne nous crois pas des juges très-impartiaux sur ce sujet.

— Pour moi, reprit le curé, je ne crois pas mes jugements sur Louise entachés de partialité; si je n'ai pas parlé de ses défauts, et elle en a, la pauvre enfant, sans quoi elle n'appartiendrait pas à l'espèce humaine, c'est qu'en vérité ils passent inaperçus et comme perdus au milieu de ses bonnes qualités.

— Enfin, vous la jugerez vous-même, mon cher Brunet, reprit le docteur. Il est trop tard pour que je vous présente à elle ce soir, ainsi qu'à Mme de Noironte : ces dames étaient fatiguées, et sont probablement couchées à l'heure qu'il est. Je ne puis non plus vous offrir un lit à la maison, puisqu'ils sont tous occupés par mes hôtesses...

— Et quand ils seraient libres, interrompit le curé, je m'y opposerais; car Monsieur m'appartient par le droit de premier occupant, or...

— Pas de contestation là-dessus, mon cher curé; je vous laisse l'ami Brunet pendant la nuit, mais à condition qu'il me donnera la journée pendant tout le temps de son séjour ici.

— Mon séjour ne sera pas long; je comptais même partir demain matin; mais le désir de revoir Mme de Noironte, de faire la connaissance avec votre fille et de causer un peu plus longtemps avec vous, mes vieux et bons amis, me détermine à remettre mon départ à après-demain de bonne heure.

— En ce cas, raison de plus pour que vous me consacriez la journée de demain tout entière. Je vous attends donc au plus tard à huit heures du matin, plus tôt même, si vous voulez; car j'ai l'habitude de me lever de bonne heure. Nous pourrons causer ainsi un peu à notre aise avant le dîner, auquel il est convenu que notre cher curé nous fera le plaisir d'assister. En attendant, bonsoir. »

CHAPITRE VI

Le lendemain matin, un peu avant huit heures, M. Brunet arriva à la demeure du docteur Gonthier. Celui-ci l'attendait dans son cabinet en lisant un journal qu'il venait de recevoir. Les grands événements politiques qui agitaient alors l'Europe préoccupaient tous les esprits. Après la désastreuse campagne de 1812 en Russie, Napoléon, de retour en France, avait en un clin d'œil, et comme par enchantement, créé une nouvelle armée avec laquelle il avait ouvert la campagne de 1813 par les brillantes victoires de Lutzen, de Bautzen, de Wurschen, gagnées contre les Russes et les Prussiens. Ces triomphes avaient amené un armistice; puis un congrès s'était réuni à Prague, sous la médiation de l'Autriche, pour traiter de la paix. Cette suspension d'armes dura environ trois mois, du mois de mai au mois d'août, pendant lesquels les peuples respirèrent. Beaucoup de personnes se berçaient de l'espoir d'une solution pacifique, et le docteur Gonthier était de ce nombre, quoiqu'une pareille solution fût peu probable. Hélas ! cet espoir ne devait pas durer longtemps. Au moment où M. Brunet se présenta, le docteur venait de lire dans son journal la nouvelle de la rupture de l'armistice, et de l'entrée de l'Autriche au nombre des puissances coalisées contre nous.

Brunet, après avoir serré la main du docteur, remarquant son air préoccupé, s'écria : « Eh ! mon Dieu ! qu'avez-vous, mon ami ? est-ce que votre journal vous annoncerait quelque mauvaise nouvelle ? »

Pour toute réponse, le docteur montra à son ami l'article qui l'avait si fort ému. M. Brunet, après l'avoir lu, dit en soupirant : « Cela ne me surprend pas ; je m'y attendais. J'arrive de Vienne, où les dispositions des esprits me paraissaient telles, que je m'attendais à ce dénoûment. La défection de l'Autriche ne sera pas la seule ; il faut vous attendre à celle de tous les peuples de l'Allemagne qui font partie de la confédération du Rhin. C'est le motif qui me force de me rendre en toute hâte à Paris.

— Est-ce possible ? s'écria M. Gonthier ; mon Dieu, qu'allons-nous devenir ? »

Et là-dessus les deux amis entamèrent une longue conversation politique dans laquelle nous ne les suivrons pas, et qui leur fit oublier pen-

dant quelques instants le principal motif de la visite matinale de M. Brunet.

Ils furent interrompus tout à coup dans leur
causerie par une voix fraîche et pure de jeune
fille, qui chantait dans la chambre voisine tout
en pilant quelque chose dans un mortier. La porte
était légèrement entr'ouverte, ce qui permettait
d'entendre parfaitement d'une pièce ce qui se
passait dans l'autre.

« Voilà Louise, dit tout bas le docteur à son
ami; elle ne se doute pas que nous sommes ici ;
elle prépare un looch pour une pauvre femme
tourmentée par un rhume violent : attendons un
instant, avant que je vous la présente, qu'elle ait
fini son travail. »

M. Brunet fit un signe d'assentiment, et les
deux amis gardèrent le silence en écoutant Louise
qui continuait à chanter en marquant la mesure
avec son pilon. Tout à coup elle cessa son chant,
et cria : « Entrez ! » probablement à quelqu'un
qui frappait au dehors. En même temps on entendit une porte s'ouvrir, et une voix enrouée et
chevrotante prononcer ces mots : « Bonjour, Mademoiselle; que le bon Dieu vous ait en sa sainte
garde !

— Comment ! c'est vous, mère Roger? dit
Louise avec bonté , mais avec un léger ton de
reproche; pourquoi sortez-vous par la fraîcheur
du matin dans l'état où vous êtes? Ne vous avais-
je pas fait dire que j'irais moi-même vous le por-

ter dès qu'il serait prêt? et j'y travaille en ce
moment-ci.

— Oh! ma bonne demoiselle, j'aurais été désolée que vous fissiez cette course à cause de moi ;
car il y a loin d'ici chez nous, et j'ai voulu vous
épargner cette peine.

— Vous avez eu tort, mère Roger : d'abord,
parce que ce n'est pas une fatigue pour moi, mes
jambes sont plus jeunes que les vôtres et ont
plus besoin d'exercice; je fais bien souvent des
courses plus longues, et sans autre but que de
me promener ; ensuite, en venant ici par la fraîcheur, comme vous l'avez fait, vous vous exposez
à augmenter votre mal et à être forcée de garder
le lit : il faudra bien alors que j'aille chez vous
plusieurs fois et que mon père y aille aussi. Vous
voyez donc que pour m'épargner une course aujourd'hui que j'étais libre, vous me forcerez peut-
être à en faire plusieurs dans des moments où cela
sera plus gênant pour moi.

— Ah ! ma bonne demoiselle, je vous demande
bien pardon et excuse; j'ai cru faire pour le mieux;
ne m'en veuillez pas , je vous en prie.

— Moi, vous en vouloir, ma bonne mère Roger ! vous ne me connaissez donc pas? J'ai peut-
être été un peu trop vive en vous parlant; mais
que voulez-vous, c'est mon humeur qui est comme
ça. Allons, ma bonne mère , asseyez-vous, repo-
sez-vous pendant que j'achèverai la préparation

de votre looch; et, en attendant, buvez ce verre de tisane, cela vous fera du bien. »

« Oh! la charmante enfant! l'excellent cœur! dit tout bas M. Brunet au docteur.

— Chut! dit celui-ci sur le même ton; j'entends un autre visiteur qui arrive. »

Ils prêtèrent de nouveau l'oreille, et entendirent Louise dire à la personne qui entrait : « Te voilà, Susanne; qu'as-tu donc au bras, ma petite?

— Ah! Mam'selle, il y a trois jours que je suis tombée et que je me suis foulé le poignet. M. votre père m'y a mis dessus des compresses d'eau-de-vie *soufrée,* et il m'a dit d'en venir chercher aujourd'hui, et qu'il me le panserait de nouveau; mais j'aime mieux que ce soit vous.

— Pourquoi cela, Susanne? mon père s'y entend certainement mieux que moi.

— Je ne dis pas, Mam'selle; cependant il m'a fait bien mal l'autre jour quand il m'a serré le poignet avec ces bandelettes, et tout le monde dit bien que vous avez la main plus douce que lui.

— Eh bien, ma fille, tu vas en juger tout à l'heure. Voilà d'abord une fiole d'eau-de-vie camphrée, et non pas *soufrée,* comme tu dis; imbibes-en cette compresse pendant que je terminerai le looch de la mère Roger; puis je panserai ton bras, et nous verrons si je te fais moins de mal que mon père. »

En ce moment on entendit entrer un nouveau

visiteur. Cette fois, c'était une voix d'homme fortement accentuée. « Bonjour, Mademoiselle; ah! vous voilà enfin de retour, c'est pas dommage! Savez-vous que vous faites grand'faute au pays quand vous vous absentez?

— Je ne m'en serais pas doutée, maître Pierre; mais comment allez-vous? vous avez l'air souffrant.

— J'ai, Mademoiselle, que depuis deux jours j'éprouve des douleurs dans le côté qui m'empêchent de respirer; puis j'ai des courbatures dans tous les membres, et avec ça un mal de tête à n'y pas voir clair. Hier la mère Grivel, notre voisine, a conseillé à ma femme de me faire une rôtie au vin bien sucrée, disant que c'était un remède souverain pour ce mal-là; ma femme m'en a fait deux au lieu d'une, ayant vu que la première ne produisait pas d'effet; mais j'étais encore plus malade après qu'avant.

— Je le crois bien, mon brave homme; mais pourquoi n'avez-vous pas tout de suite envoyé chercher mon père, au lieu d'aller consulter la mère Grivel?

— Mais M. le docteur n'était pas ici, ni vous non plus, Mademoiselle, sans quoi je serais venu, dès hier matin, vous consulter; mais faut espérer qu'il n'y pas de temps perdu. Ainsi donc, Mademoiselle, veuillez avoir la bonté de me dire ce qu'il faut faire pour mon mal, et me donner, en payant, comme de juste, tous les ingrédients nécessaires pour le guérir.

— Mais, mon cher Pierre, je ne suis pas médecin, moi, pour donner des consultations, à moins
que vous ne me preniez pour une autre mère Grivel.

— Oh! non, bien sûr que nous savons bien
faire la différence, et si vous aviez été ici, je n'aurais certainement pas voulu entendre parler du
remède à cette bonne femme, qui m'a mis le feu
dans le corps.

— C'est bien, mon brave homme; attendez un
instant que j'appelle mon père, qui n'est pas encore descendu de sa chambre.

— Oh! c'est pas la peine, Mademoiselle, de
déranger M. le docteur; vous pouvez me dire tout
aussi bien que lui ce qu'il me faut : j'ai autant de
confiance en vous qu'en lui.

— Eh bien! voilà justement en quoi nous dif-
férons, vous et moi, mon brave Pierre, dit Louise
en riant : c'est que moi j'ai la plus grande confiance en mon père, et que j'en ai fort peu en
moi. » Et, en disant ces mots, elle sortit pour
aller chercher son père.

« Savez-vous, cher docteur, dit en riant
M. Brunet, que si votre fille le voulait, elle vous
ferait une rude concurrence?

— C'est vrai, répondit sur le même ton M. Gonthier; mais, heureusement, elle ne le veut pas. »
Puis, prenant son ami par la main : « Allons,
continua-t-il, voici le moment de sortir de notre
retraite. » Et, ouvrant tout à fait la porte du cabinet, il entra dans la salle qui servait de dispen-

saire et de salle de consultation. « Ne vous déran-
gez pas, mes enfants, » dit-il aux malades, qui
s'étaient levés en le voyant; et, traversant la
chambre, il ouvrit la porte par laquelle sa fille
était sortie, et appela deux ou trois fois à haute
voix : « Louise! Louise! »

En quelques secondes la jeune fille accourut,
et, toute souriante, elle dit en présentant son
front à son père : « Vous voilà, papa! mais par
où êtes-vous donc passé? moi qui vous cherchais
là-haut !

— C'est que je suis descendu avant que tu
fusses levée, répondit le docteur en donnant à sa
fille le baiser paternel.

— Pourquoi vous être levé si matin, après une
journée aussi fatigante que celle d'hier ? Vous avez
donc passé une mauvaise nuit ?

— Non, ma fille, j'ai parfaitement dormi; c'est
pourquoi je me suis levé à mon heure habituelle,
et je me serais d'autant plus gardé d'y manquer,
que j'avais donné rendez-vous à un de mes anciens et de mes meilleurs amis, qui désire beaucoup faire ta connaissance. »

Et, en parlant ainsi, il se détourna, et Louise
aperçut M. Brunet, que son père lui cachait pendant ces quelques mots échangés entre eux sur le
seuil de la porte. Aussitôt le docteur, prenant sa
fille par la main, fit deux pas au-devant de son
hôte, qui, de son côté, s'avançait à leur rencontre. « Mon ami, dit-il, j'ai l'honneur de vous

présenter ma petite Louise, qui sera enchantée, elle aussi, de faire votre connaissance. » Puis, s'adressant à sa fille : « Mon enfant, dit-il, tu vois M. Brunet, de Bâle, dont tu m'as tant de fois entendu parler.

— Mon ami, dit M. Brunet, je vous fais mon compliment de votre charmante enfant ; je viens d'acquérir la preuve que les éloges que l'on m'en a faits sont au-dessous de la réalité.

— Oh ! je vous en prie, pas de compliments, mon ami, reprit en souriant le docteur ; vous allez la faire rougir et peut-être lui donner de l'orgueil. »

Louise était, en effet, rouge comme une cerise.

« Ma foi, mon cher, vous me connaissez assez pour savoir que je n'ai pas l'habitude de faire des compliments. Je dis tout franchement, tout naturellement, ma façon de penser, voilà tout. Maintenant, ma fille, ajouta-t-il en s'adressant à Louise, ne faites pas attention aux paroles d'un vieillard qui, lui aussi, est père de famille, et qui aime ses enfants comme votre père peut vous aimer ; permettez-moi de vous parler familièrement, comme si vous étiez une de mes filles, et soyez persuadée que s'il m'arrivait de trouver en vous quelque chose à blâmer, je vous le dirais avec la même franchise ; car, voyez-vous, il y a si longtemps que j'ai connu votre père, votre mère, vos grands parents, que je me crois presque de la famille, et que je me sens disposé à vous

aimer comme si vous étiez, sinon ma fille, au
moins une nièce ou ma petite-fille, car je serais
bien votre grand-père.

— Depuis ma première enfance, Monsieur,
répondit Louise, j'ai entendu prononcer votre
nom; c'est vous dire que j'ai appris à vous connaître, et que je sais toutes les obligations que
vous a ma famille; c'est vous dire aussi combien
je suis heureuse de vous voir, et de vous répéter
de vive voix combien je suis touchée de l'affection
que vous me témoignez, et dont je tâcherai toujours de me rendre digne.

— Allons, ma fille, reprit le docteur, ne per-
dons pas notre temps en vaines paroles; conduis
notre ami dans le salon; j'irai vous rejoindre dans
un instant, après que j'aurai terminé avec ces
braves gens. Voyons, maître Pierre, passez dans
mon cabinet, que nous causions ensemble.

— Permettez, papa, la mère Roger n'a pas
besoin d'attendre; son looch est prêt. Tenez, ma
bonne femme, dit Louise en lui donnant la petite
bouteille qui contenait le médicament : vous en
prendrez une cuillerée d'heure en heure, en
ayant soin de remuer la bouteille. Demain j'irai
vous en porter une autre; mais ne revenez pas, ou
je me fâcherais. »

Pendant ce temps-là, le docteur était entré
dans son cabinet avec maître Pierre, et Louise
s'apprêtait à sortir avec M. Brunet, quand la petite Susanne lui dit d'un ton suppliant : « Et moi,

Mademoiselle, est-ce que vous allez me laisser ici toute seule? Vous n'en auriez pas pour longtemps, ce me semble. »

Louise s'arrêta, regardant M. Brunet comme pour lui demander la permission de satisfaire à la demande de la petite paysanne. M. Brunet la comprit, et s'écria vivement : « Oui, mon enfant, faites ce que désire cette jeune fille; c'est toujours quelques minutes de souffrance de moins que vous lui procurerez, et, en le faisant à ma prière, vous m'associerez en quelque sorte à votre bonne œuvre. »

Louise ne se le fit pas répéter. Elle défit aussitôt l'appareil qui enveloppait la main de Susanne, épongea délicatement la partie enflée, puis posa dessus des compresses imbibées d'eau-de-vie camphrée, et les assujettit avec des bandelettes.

Tout cela fut fait avec une promptitude, une dextérité, qui ravissaient M. Brunet.

« Merci, Mademoiselle, dit Susanne quand le pansement fut terminé; vous ne m'avez pas fait souffrir du tout, tandis que l'autre jour, comme je vous l'ai dit, M. votre père m'a fait grand mal.

— C'est parce que l'autre jour ta main était plus enflée et plus sensible à la douleur qu'aujourd'hui, et si mon père t'avait pansée tout à l'heure, il ne t'aurait pas fait plus souffrir que je ne l'ai fait.

— C'est égal, je suis bien contente que ce soit

vous. » Et elle s'en alla en faisant sa plus belle ré-
vérence.

« Mon enfant, dit M. Brunet à Louise, quand
ils se trouvèrent seuls et tout en montant au salon,
je ne veux pas vous dire tout ce que je pense de ce
que j'ai vu et entendu ce matin, car votre père
appellerait encore cela des compliments ; mais je
puis dire qu'il serait grandement à désirer que
l'on fît entrer dans l'éducation des jeunes filles
des habitudes du genre de celles que votre père
vous a fait contracter, afin que, devenues femmes,
elles pussent au moins donner des soins utiles, en
cas de maladies ou d'accidents, à leurs maris, à
leurs enfants.

— C'est aussi l'idée de mon père, » répondit
Louise.

A peine le docteur, après avoir terminé la consultation de maître Pierre, avait-il rejoint M. Brunet et Louise au salon, qu'on annonça l'arrivée de
M. et de Mme Billot ; presque au même instant,
Mme de Noironte et son amie Mme de Frasnois firent
leur entrée dans le salon. Nous ne parlerons pas
des détails des présentations réciproques, ni de la
conversation qui s'engagea, et qui se continua
pendant le dîner. Nous dirons seulement que Mme de
Noironte fit à M. Brunet l'accueil le plus cordial,
et qu'elle le présenta à son amie comme son sau-
veur pendant l'émigration.

M. Billot avait apporté la nouvelle, arrivée le
matin même au chef-lieu par dépêche télégra-

phique, d'une grande victoire remportée à Dresde, le 27 août, par Napoléon sur les alliés. Cet événement fut, comme on le pense bien, l'occasion de longs commentaires, et la politique devint le principal, sinon l'unique sujet de la conversation.

A la fin du dîner, Louise étant sortie pour aller se promener dans le jardin avec une de ses petites camarades que Mme Billot avait amenée avec elle, M. Brunet voulut faire changer la conversation, et l'amener sur un sujet qui l'intéressait plus que la politique. « Vous avez, dit-il en s'adressant à Mme de Noironte, une petite-fille charmante; et depuis le peu d'instants que je l'ai vue, j'en suis vraiment enchanté.

— Vous n'avez guère pu la juger encore, répondit Mme de Noironte; que serait-ce donc si vous l'aviez vue à Nancy, au concours de son pensionnat, où elle a excité l'admiration de tout le monde par la justesse de ses réponses à toutes les questions qu'on lui adressait! Demandez à Madame, qui y était, et elle vous dira ce qu'elle en pense. » Elle désignait en même temps Mme de Frasnois, assise à côté d'elle.

« Certainement, s'empressa de dire celle-ci; on n'a jamais vu une enfant de cet âge douée d'une instruction aussi complète et aussi variée; c'est dommage qu'elle ne soit pas aussi forte sur le piano et sur la danse qu'en tout le reste, ce serait alors une jeune personne accomplie.

— Je n'ai pas pu juger encore, répondit M. Brunet, des autres talents de Mlle Louise; mais elle en possède un bien rare chez les jeunes filles de sa condition. J'ai été témoin ce matin de la manière dont elle l'exerce, et je vous avoue que j'en suis encore tout émerveillé. » Et là-dessus il se mit à raconter la scène du dispensaire, que nous avons rapportée plus haut.

« Et vous appelez ça un talent? s'écria Mme de Noironte quand M. Brunet eut fini; mais c'est un talent d'*infirmière,* de garde-malade! Ç'a toujours été là un de mes sujets de querelle avec mon gendre; je ne comprends pas qu'il ait songé à faire entrer de semblables pratiques dans l'éducation de sa fille.

— Le fait est, reprit Mme de Frasnois pour appuyer son amie, que les fonctions d'infirmière me paraissent incompatibles avec l'éducation d'une jeune personne bien née. Il faut laisser les occupations de cette nature aux personnes d'une classe infime, dont les sens manquent de délicatesse, et peuvent supporter sans répugnance la vue des plaies et du sang, les émanations des diverses maladies.

— Pardon, Madame, dit en souriant M. Gonthier; il paraît que l'éducation des jeunes personnes d'une naissance distinguée a bien changé de ce qu'elle était autrefois. Au moyen âge, et pendant les temps les plus brillants de la chevalerie, les dames et les demoiselles les plus nobles, des châtelaines, des duchesses, des princesses, se faisaient un devoir et un honneur de panser elles-mêmes les blessures des chevaliers et des guerriers qu'avait atteints plus ou moins grièvement le fer de l'ennemi. Elles apprenaient dès leur enfance, et ceci faisait partie de leur éducation, à connaître les vertus des plantes, à en composer des boissons ou des baumes salutaires, à arrêter le sang des blessures, et à employer les moyens les plus efficaces pour les cicatriser.

— Oh! qu'allez-vous nous parler de ce temps-là, dit Mme de Noironte; c'est comme si vous disiez que nous devons nous coiffer et nous habiller comme nos trisaïeules.

— Pourtant, M. le docteur a raison, dit alors le curé; ceci n'est point une affaire de mode.

— Oh! je sais bien que vous êtes de l'avis de mon gendre; mais je voudrais, pour m'y ranger, d'autres motifs que ceux qu'il tire de l'exemple des châtelaines et des princesses du temps de la chevalerie.

— Eh bien, Madame, reprit le curé, les motifs que je vais tâcher de faire valoir à vos yeux sont de tous les temps, s'adressent à toutes les classes de la société, et surtout aux femmes chrétiennes.

« Dans une foule de circonstances, les femmes sont appelées à lutter contre le danger, à résister à la douleur pour leur propre compte, ou à aider, à secourir, à consoler les autres. Il faut qu'elles sachent envisager avec sang-froid et avec fermeté les souffrances même de leurs enfants et des autres personnes qui leur sont chères, afin de pouvoir les adoucir et y remédier. Elles ont donc besoin de cette force et de cette présence d'esprit sans lesquelles on n'est capable de rien et l'on est même pour autrui un embarras dans des moments critiques; mais ces qualités sont rarement un don de la nature; on ne les acquiert que par l'éducation et la réflexion. Lorsque ces qualités se rencontrent chez des femmes et chez des jeunes filles, elles prennent le caractère de vertus si elles sont le résultat d'un effort, de la conscience du devoir, de la soumission à la volonté de Dieu, et d'un véritable amour du prochain. Ce sont ces vertus qu'on respecte et qu'on admire dans ces pieuses femmes qui se vouent, en vue de Dieu, au soulagement des misères de l'humanité, et qui sont si justement appelées *sœurs de Charité*. Mais pour les pratiquer, ces vertus, il n'est pas nécessaire d'être religieuse de profession; il suffit d'être simplement chrétienne. Quelle différence entre ce dévouement ferme, intelligent et empressé, qui fait supporter avec un calme grave et sympathique l'aspect de toute espèce de maux, la vue des plus terribles accidents, les accents et les cris de la douleur, en ne songeant qu'à y apporter remède et soulagement, et cette faiblesse, cette prétendue délicatesse d'organes, qui fuit, éperdue et inutile, devant de semblables tableaux! On devrait, à mon avis, comme l'a fait le docteur pour Louise, persuader aux jeunes filles, dès leurs plus tendres années, qu'elles auront des épreuves à traverser dans la vie, et qu'elles ont en outre la douce et sainte mission d'être les anges gardiens de leur famille, la grâce, le secours, la consolation du foyer domestique, et le recours et l'espoir de toutes les souffrances, dans la sphère où pourra rayonner leur charité. Je voudrais donc que, pour les préparer à l'accomplissement de cette belle tâche, on les accoutumât de bonne heure à faire des efforts pour triompher de leurs craintes, de leurs répugnances, de leurs faiblesses, pour s'habituer à envisager avec sang-froid le mal qui leur serait propre et celui qui pourrait atteindre les autres; enfin je voudrais qu'elles apprissent, autant que possible, les moyens d'y remédier, soit directement, soit avec l'aide d'autrui. Je vous assure, Mesdames, que rien n'est plus intéressant, plus touchant aux yeux des hommes, que rien n'est plus méritoire aux regards de Dieu, que cette charité active, réfléchie et intelligente d'une âme forte et pieusement dévouée. Et quand c'est une enfant comme votre petite-fille, Madame, qui donne un si bel exemple, quel édifiant spectacle pour le présent! quel doux augure pour l'avenir!

— Bien parlé, mon cher curé! s'écria M. Brunet : j'avais toutes ces idées-là dans la tête; mais je ne les aurais pas exprimées aussi bien que vous.

— Pour moi, reprit Mme de Noironte, je vous dirai, monsieur le curé, que votre sermon, car c'est un véritable sermon, m'a touchée, mais...

— Mais qu'il ne vous a pas convertie, interrompit en riant le curé; hélas! Madame c'est à quoi nous sommes trop souvent accoutumés; seulement il arrive bien souvent aussi qu'on se rappelle plus tard ces paroles du prêtre, et qu'on est forcé de reconnaître qu'il avait raison. »

Ici la conversation fut interrompue par l'arrivée de quelques visiteurs. Les nouvelles et les discussions politiques recommencèrent de plus belle à remplacer tout autre sujet d'entretien, et attristèrent singulièrement cette journée qui devait être un jour de fête.

M. Brunet partit le lendemain matin de bonne heure, en promettant à ses amis de leur donner bientôt de ses nouvelles. Mme de Frasnois emmena son amie Mme de Noironte passer quelques jours à un château qu'elle possédait dans les environs de Remiremont. Elle aurait désiré emmener aussi Louise; mais son père était forcé de s'absenter pendant une semaine au moins pour une affaire importante, et la maison ne pouvait rester seule.

Tout reprit à Foucigny son calme accoutumé, après le retour du docteur. Seulement « l'horizon politique se rembrunissait de plus en plus », comme disent les gazettes. Plusieurs lettres que

M. Gonthier reçut de M. Brunet le jetèrent dans
une vive inquiétude sur le sort de cet ami. Le gouvernement français, par suite de la défection des
différentes troupes de la confédération du Rhin,
refusait de lui payer le prix des fournitures qu'il
avait faites à ces troupes; c'était pour le pauvre
Brunet une perte considérable, et presque la ruine.

Bientôt les désastres de l'armée française se
succédèrent avec une rapidité effrayante. La perte
de la bataille de Leipzig força les Français à repas-
ser le Rhin, et des armées innombrables, formées
de toutes les nations de l'Europe, couvrirent nos
frontières, qu'elles s'apprêtaient à franchir.

Les plus vives appréhensions régnaient surtout
dans les pays que menaçait cette invasion, c'est-à-
dire dans la Franche-Comté, l'Alsace, la Lorraine,
la Champagne et la Flandre.

Foncigny n'était pas exempt sans doute de l'ap-
préhension générale; cependant on y avait un peu
moins de crainte qu'ailleurs d'être foulé par les
armées envahissantes, parce que ce pays se trouvait en dehors de toutes les routes stratégiques.
Non-seulement aucune grande voie de communication ne la traversait, mais les seuls chemins qui y
conduisaient étaient difficiles, mal entretenus et
presque impraticables en hiver et par le mauvais
temps.

Ces considérations avaient déterminé un certain
nombre de personnes qui connaissaient la localité
à venir s'y réfugier, ainsi que dans les villages envi-

ronnants. De ce nombre était Mme de Noironte, qui
était venue s'établir chez son gendre, dès qu'on avait
parlé d'invasion : « Non, disait-elle, qu'elle redou-
tât l'invasion pour elle-même; car les alliés n'étaient-
ils pas nos amis, qui venaient nous délivrer du joug
de l'usurpateur corse, — elle ne l'appelait plus Macchabée, — et nous ramener nos souverains légi-
times? Elle, veuve d'un officier de l'armée de Condé
mort au service de son roi, émigrée elle-même,
ruinée par la révolution, serait certainement ac-
cueillie honorablement par les anciens compagnons
d'armes de son mari ; et, si par hasard des soldats
étrangers se présentaient dans le village, sa présence seule pourrait préserver la maison de son
gendre, et peut-être le reste du village, contre
tout mauvais traitement et toute déprédation de
leur part. »

M. Gonthier ne répondait rien à ces fanfaron-
nades ridicules; Louise n'y comprenait rien et
ne les écoutait pas, et les habitants du village, à
qui elle se plaisait à les répéter, ne se gênaient
pas pour dire : « La belle-mère du docteur est
folle. »

Cependant, dès le mois de novembre 1813, les
armées alliées commencèrent à franchir le Rhin
et à envahir la France sur un grand nombre de
points à la fois. Elles s'avancèrent dans toutes les
directions, et occupèrent bientôt une partie de la
Franche-Comté, toute l'Alsace, la Lorraine et une
partie de la Champagne, à l'exception des places

fortes, qu'elles se contentaient généralement de
bloquer, sans en faire le siége.

Pendant deux à trois mois, les événements
semblèrent justifier les espérances qu'on avait
conçues à Foncigny d'être préservé de l'invasion.
Les grandes routes du département des Vosges
étaient couvertes d'innombrables bandes armées;
les villes et les villages regorgeaient de troupes
étrangères, et pas un soldat n'avait paru à Foncigny ni dans les alentours, à la grande satisfaction des habitants, qui entendaient raconter les
désordres, les pillages, et toutes les malversations
commises dans les pays où passaient « nos bons
amis les ennemis », comme les appelait la belle-
mère du docteur.

Cependant des victoires remportées par l'empereur en Champagne arrêtèrent la marche de l'ennemi. Un mouvement de retraite s'opéra sur tous
les points; des soulèvements des paysans de la
Champagne et des Vosges éclatèrent alors, et des
partisans attaquèrent dans les montagnes les soldats étrangers. Plusieurs de ces attaques eurent
lieu dans le voisinage de Foncigny, et attirèrent
sur ce village des détachements de troupes russes
chargées d'occuper les défilés des montagnes qui
séparent la Lorraine de l'Alsace. Un bataillon d'in-
fanterie, précédé d'un escadron de Cosaques, entra
un matin dans Foncigny. Le chef qui commandait
cette troupe se fit conduire immédiatement à la
maison du maire, c'est-à-dire chez M. Gonthier;

car nous avons oublié de dire que depuis un an il
avait été nommé à cet emploi. Le docteur était
absent ; il avait été appelé le matin pour aller voir
un malade à une lieue de là ; il avait emmené Jean-
Pierre avec lui, de sorte qu'il ne restait à la maison
que sa belle-mère, Louise et Marianne.

Mme de Noironte courut au-devant de l'officier
russe, et lui adressa des compliments de bien-
venue, auxquels il n'eut pas l'air de faire attention.

Ah ! se dit-elle, apparemment il ne comprend
pas le français. Alors elle essaya de lui adresser
la parole en allemand ; car elle avait appris cette
langue pendant l'émigration, et la parlait assez
bien.

Il ne l'écouta pas davantage, et même il lui
tourna le dos, pendant qu'elle parlait, pour donner
des ordres en russe à quelques Cosaques de son
escorte.

Allons ! se dit Mme de Noironte, il paraît qu'il
ne sait pas plus l'allemand que le français.

Mais au même instant le chef se retourna, et lui
dit en très-bon français, et sans le moindre accent
étranger : « N'est-ce pas ici la demeure du maire de
ce village ?

— Oui, Monsieur. Il est absent pour le moment.
Il est allé voir ses malades ; car il est médecin en
même temps qu'il est maire.

— Il ne devait pas s'absenter ; car il devait savoir que des troupes alliées allaient venir dans la

commune. Envoyez-le chercher sur-le-champ; en attendant, faites-moi servir à déjeuner, et que ça né soit pas long, car je suis pressé. »

Ah! se dit Mme de Noironte, s'il me connaissait, il serait plus poli. Puis, élevant la voix : « Vous ne savez pas, Monsieur, à qui vous parlez, je suis la veuve d'un officier supérieur de l'armée de Condé, j'appartiens à une noble famille, et je suis moi-même une ancienne émigrée...

— Et quand vous seriez la veuve du grand Condé lui-même, qu'est-ce que cela me fait à moi? s'écria le Russe, avec un juron que nous nous dispensons de reproduire; je demande à déjeuner pour moi et pour mon escorte; dépêchez-vous, sinon mes gens auront bientôt mis votre maison sens dessus dessous. »

Mme de Noironte s'enfuit tout effarée, et courut dire à Marianne de se dépêcher d'apporter dans la salle à manger tout ce qu'elle avait de prêt; puis elle se sauva dans sa chambre et s'enferma avec Louise, qui conservait tout son sang-froid, mais qui était désolée de l'absence de son père, et qui craignait qu'il ne lui fût arrivé quelque accident.

Cependant Marianne était parvenue, tant bien que mal, à servir à déjeuner à ces hôtes si peu gracieux. Tandis que les officiers se rafraîchissaient, une partie du bataillon avait dépassé le village et s'était dirigée vers Foncigny-le-Haut, tandis que l'autre était restée à Foncigny-le-Grand, et bivaquait au milieu de la place.

Tout à coup des coups de fusil se firent entendre
dans le lointain. Bientôt la fusillade devint plus
vive et plus rapprochée, et un Cosaque accourant
à toute bride vint dire quelques mots au chef, qui
était encore à table. Aussitôt il se leva, donna
quelques ordres à ceux qui l'entouraient, et, montant à cheval, partit au grand galop à la tête de sa
troupe.

En un instant le village se trouva évacué. A
peine les Russes étaient-ils partis, que le docteur
arriva chez lui. « Je viens, dit-il à sa belle-mère
et à sa fille, pour un instant seulement, afin de
vous rassurer. A une demi-lieue d'ici il y a un
grand nombre de blessés qui réclament mes soins,
et j'ai pour plus de deux à trois heures de besogne
avec eux. Louise, va me chercher ma grande
trousse, et donne-moi tout ce que tu as de charpie
et de bandelettes préparées.

— Comment ! vous allez nous laisser seules !
s'écria Mme de Noironte, tandis que Louise s'em-
pressait d'obéir à son père.

— Il le faut bien, Madame, mon devoir l'exige ;
d'ailleurs vous n'avez pas besoin de moi pour vous
protéger contre les alliés ; c'est vous, au contraire,
qui êtes assurée de leur bienveillance et de leur
protection. »

Mme de Noironte se mordit les lèvres sans répondre.

Le docteur embrassa Louise, lui recommanda de
ne quitter la maison sous aucun prétexte pendant

son absence, et de travailler avec la bonne à préparer le plus de charpie qu'elle pourrait, et il
s'éloigna.

Louise remonta avec Marianne auprès de sa
grand'mère. Les heures s'écoulaient lentement.
Déjà le soleil baissait, et le docteur ne revenait
pas. Louise se levait à chaque instant pour aller
regarder par la fenêtre si son père arrivait; puis
elle venait se rasseoir tristement en reprenait son
travail.

Cependant la fusillade avait cessé; un silence
morne régnait dans le village, quand tout à coup
on entendit un bruit confus de voix, puis des che-
vaux courant au galop, puis de violents coups
frappés à la grille de la cour, qui avait été fermée.
Marianne courut l'ouvrir; Louise, après avoir
jeté un coup d'œil par la fenêtre, s'écria : « Ah!
mon Dieu, ce sont encore les Cosaques!... Oh!
en voilà un qui est blessé; oh! il faut que j'aille le
secourir.

— Ne me quitte pas, Louise, s'écria Mme de
Noironte.

— Mais, bonne maman, puisqu'il est blessé et
que papa n'est pas là, il faut pourtant bien que je
tâche de le remplacer. » Et, sans écouter sa grand'-
mère qui la rappelait, elle descendit rapidement
l'escalier. Le cœur lui battait bien fort; mais,
après avoir adressé à Dieu une courte et fervente
prière, elle s'avança courageusement dans la cour.
Dans cet instant, le chef qui avait été si peu poli

envers sa grand'mère y entra porté sur un bran-
card par ses soldats ; il avait reçu une blessure au
bras, une autre à la tête ; il était couvert de pous-
sière et de sang. Un des officiers qui l'accompa-
gnaient, et qui parlait aussi français, demanda à
Louise si le docteur n'était pas ici. « Je suis seule
ici avec ma grand'mère ; papa n'est pas encore
rentré, répondit-elle timidement ; mais si vous
voulez faire porter *Monsieur* dans cette salle, je
puis bien le secourir. » En même temps elle ouvre
la chambre du rez-de-chaussée.

« Vous, Mademoiselle, reprit l'officier, vous
pourriez secourir mon colonel ?

— Oh ! oui, monsieur l'officier, dit un paysan
qu'ils avaient pris pour guide ; elle est plus savante
que bien des docteurs qu'il y a, j'en sais queuque
chose pour ma part.

— Nous allons voir cela, » dit l'officier. En
même temps il fait porter le colonel dans la chambre, on le place sur un canapé. Louise, qui se ra-
nime peu à peu et sent renaître son courage, lui
établit un oreiller sous la tête, court chercher du
linge, de l'eau tiède, le prie bien poliment de la
laisser faire, et se met en devoir de panser son
bras. Ces hommes rudes et sauvages, groupés autour d'elle, admiraient son intelligence, son sang-
froid. La naïve enfant ne s'aperçoit seulement pas
qu'elle intéresse : tant, à la vue du blessé, la pensée
de faire du bien s'est exclusivement emparée
d'elle ! Elle redouble de soins, d'attentions. En

peu de minutes le bras du colonel russe est lavé,
bandé ; un mouchoir qu'elle lui passe autour du
cou, et qu'elle sait arranger avec adresse, soutient
le bras malade, qui est déjà bien moins douloureux.
Le blessé exprime sa satisfaction ; il a repris toute
sa connaissance ; ses compagnons applaudissent,
et le petit médecin s'enhardit jusqu'à oser demander pour salaire qu'on respecte l'habitation de son
père. « Je vous promets, dit le colonel, que non-
seulement l'habitation de votre père, mais toutes
celles de ce village seront préservées, si vous réus-
sissez aussi bien à diminuer les douleurs de ma
tête que celles de mon bras. »

Rassemblant toute sa présence d'esprit, Louise
se rappelle les moyens qu'emploie son père pour
arrêter les hémorragies, et avec une eau spiritueuse
dont elle connaît l'effet, elle commence à débar-
bouiller la figure du blessé ; puis, rassemblant
tout son courage, toute sa présence d'esprit, elle
parvient à mettre avec succès un premier appareil
sur la blessure. Dans l'instant où elle attachait la
dernière bande de toile, son nom est répété par
une voix émue... Un homme écarte la foule, il appelle, il demande sa fille, s'élance vers elle et la
serre dans ses bras.

« Monsieur le colonel, dit aussitôt Louise en se
retournant de son côté, voici mon père, à qui vous
m'avez promis qu'on ne ferait aucun mal, et que
je vais prier d'achever de vous guérir. »

M. Gonthier s'empressa de lui donner ses soins,

et parvint après quelques jours à le guérir complétement. Le colonel russe tint sa promesse, et pas
une maison du village n'eut à souffrir des horreurs
de la guerre.

On peut juger si cette circonstance contribua à
augmenter l'affection des habitants pour la fille du
docteur.

Quand Mme de Noironte rencontrait le curé, elle
lui disait : « Vous aviez raison, monsieur le curé ;
votre sermon n'avait pu que m'émouvoir, maintenant il m'a convaincue. »

FIN

7260. — Tours, impr. Mame.

www.ingramcontent.com/pod-product-compliance
Lightning Source LLC
Chambersburg PA
CBHW060146100426
42744CB00007B/917